FOR2

FOR pleasure FOR life

FOR2 37

改變每個人的 3 個狂熱夢想

如果沒有人落在貧窮線以下、如果每個人一週工作 15 小時、如果可以扔掉護照與簽證。
這些夢想為什麼是問題的解方，以及如何實踐。

Utopia for Realists
And How We Can Get There

Utopia for Realists originated on The Correspondent, your antidote to the daily news grind
www.correspondent.com
Infographics by Momkai
This translation published by arrangement through Bardon-Chinese Media Agency

作者：Rutger Bregman（羅格・布雷格曼）
譯者：陳信宏
責任編輯：冼懿穎
封面設計：顏一立
美術編輯：Beatniks
校對：呂佳真

出版者：英屬蓋曼群島商網路與書股份有限公司台灣分公司
發行：大塊文化出版股份有限公司
台北市 10550 南京東路四段 25 號 11 樓
www.locuspublishing.com
TEL：(02)8712-3898　　FAX：(02)8712-3897
讀者服務專線：0800-006689
郵撥帳號：18955675　　戶名：大塊文化出版股份有限公司
法律顧問：董安丹律師、顧慕堯律師

總經銷：大和書報圖書股份有限公司
地址：新北市 24890 新莊區五工五路 2 號
TEL：(02)8990-2588　FAX：(02)2290-1658
製版：瑞豐實業股份有限公司

初版一刷：2018 年 5 月
定價：新台幣 380 元
ISBN：978-986-96168-1-2

Printed in Taiwan

改變每個人的 3 個狂熱夢想

Utopia for Realists
And How We Can Get There

如果沒有人落在貧窮線以下、如果每個人一週工作 15 小時、
如果可以扔掉護照與簽證。
這些夢想為什麼是問題的解方，以及如何實踐。

Rutger Bregman 羅格．布雷格曼 著
陳信宏 譯

一幅沒有包含烏托邦的世界地圖，連一眼都不值得看，因為這麼一幅地圖遺漏了人類總是會登陸的那片土地。人類在那裡登陸之後，就會向外展望，一旦看見更好的土地，就會揚帆出海。進步即是烏托邦的實現。

——王爾德（Oscar Wilde，一八五四—一九〇〇）

目次

CONTENTS

1 烏托邦的回歸

先從一個小小的歷史教訓談起：

過去的一切都比現在來得糟。

在世界歷史將近百分之九十九的時間裡，百分之九十九的人口都貧窮、飢餓、骯髒、害怕、愚笨、病弱，而且醜陋。即便在頗為晚近的十七世紀，法國哲學家巴斯卡（Blaise Pascal，一六二三—一六六二）都還把人生描述為一座巨大的淚水之谷。「人類非常了不起，」他寫道：「因為人類知道自己處境悲慘。」在英國，同為哲學家的霍布斯（Thomas Hobbes，一五八八—一六七九）也懷有相同的意見，認為人類生命基本上「孤獨、貧窮、痛苦、野蠻又短暫」。

但在過去兩百年來，那一切卻都改變了。在我們這個物種存在於地球上的時間裡，數十億人就在其中微乎其微的一小部分突然變得富裕、營養充足、潔淨、安全、聰明、健康，偶爾甚至美麗迷人。在一八二〇年之時，全世界的人口還有百分之八十四活在赤貧狀態中，但這個百分比到了一九八一年已滑落到百分之四十四，而在短短數十年後的現在，更是已低於百分之十。[1]

這個趨勢如果持續不變，長期存在於人類當中的赤貧現象將會在不久之後徹底根絕。即便是我們仍然稱為貧窮的人口，也將享有史無前例的豐足。在我居住的荷蘭這個國家裡，現在領取公共救助的流浪漢所能夠花用的金錢，也比一九五〇年的一般荷蘭人還要多，更比輝煌的黃金時代高出四倍，儘管當時荷蘭是個叱吒七海的強國。[2]

曾經有數百年間，時間彷彿靜止了一樣。世界上當然發生了許許多多足以填滿史書的事情，但人類生活卻沒有多少改善。你要是把一三〇〇年的一個義大利農夫放進一部時間機器，而把他帶到一八七〇年代的托斯卡尼，他一定不會覺得有多少改變。

歷史學家估計指出，義大利在一三〇〇年左右的平均年收入大概是一千六百美元。過了六百年左右之後——經過哥倫布、伽利略、牛頓、科學革命、宗教改革與啟蒙運動，還有火藥、印刷術以及蒸汽機的發明——義大利的平均年收入……還是一千六百美元。[3]儘管經過六百年的文明發展，義大利一般人的生活水準卻沒什麼改變。

直到一八八〇年左右，就在貝爾發明電話、愛迪生為燈泡申請專利、卡爾·賓士（Carl Benz）正在打造他的第一部車輛，而且約瑟芬·科克倫（Josephine Cochrane）也正在思索著也許是有史以來最傑出的點子——洗碗機——之時，那位義大利農夫才終於搭上了進步的浪潮。而這也的確是一波不可思議的浪潮。過去兩百年來，全世界的人口數量與富足程度都出現爆炸性的成長。當今的人均所得已是一八五〇年的十倍。現在，義大利一般人擁有的財富是一八八〇年的十五倍。至於全球經濟呢？現在全球的富裕程度是工業革命前的兩百五十倍——在工業革命前的那個時代，幾乎任何地方的所有人都還是貧窮、飢餓、骯髒、害怕、愚笨、病弱，而且醜陋。

中世紀的烏托邦

圖表一．兩百年來的驚人進步

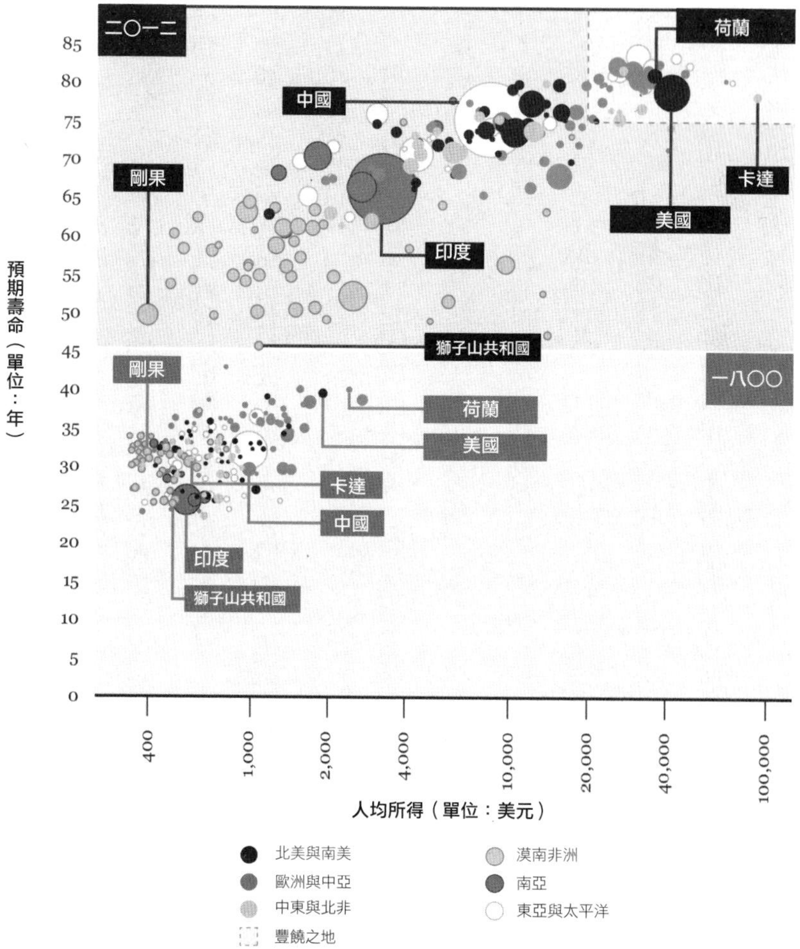

這個圖表需要花點時間仔細看才能夠理解。每個圓圈代表一個國家，圓圈越大代表人口越多。圖表下半部顯示那些國家在一八〇〇年的狀況；上半部顯示二〇一二年的狀況。在一八〇〇年，即便是最富裕的國家（例如荷蘭與美國），預期壽命也低於二〇一二年健康評比程度最低的國家（獅子山共和國）。換句話說，在一八〇〇年，所有國家的財富與健康情形都極為低落，而在今天，即便是漢南非洲也優於一八〇〇年最富裕的國家（儘管剛果的所得程度在過去兩百年來幾乎沒變）。實際上，現在已有遠多於以往的國家抵達了「豐饒之地」：圖表右上角的國家，平均所得達兩萬美元以上，預期壽命也超過七十五歲。

資料來源：Gapminder.org

過去無疑是個很嚴酷的地方，所以難怪有人會夢想比較美好的世界。

其中一個最生動的夢想，就是一個叫作「科凱恩」（Cockaigne）的奶與蜜之地。要抵達那裡，你首先必須挖掘吃掉三英里的米布丁。不過，這樣的努力絕對值得，因為一旦到了科凱恩，你就會發現那裡的河水都是葡萄酒，空中飛著烤鵝，樹上長著煎餅，而且熱騰騰的派與糕點還會從天上掉下來。農夫、工匠與神職人員都一律平等，共同在太陽底下放鬆休閒。

在科凱恩這個豐饒的國度，人與人之間從來不會爭執。他們只會狂歡、跳舞、喝酒、四處與人上床。

「在中世紀人的心目中，」荷蘭史學家普萊（Herman Pleij）寫道：「當今的西歐就頗為接近貨真價實的科凱恩。有隨時隨地吃得到的速食、環控空調、自由性愛、失業所得保障，以及延長青春的整形手術。」[4] 現在，世界上罹患肥胖症的人比挨餓的人還多。[5] 在西歐，凶殺率平均比中世紀低了四十倍；而且，只要你生在對的國家，就可以獲得令人稱羨的社會安全網保障。[6]

或許這也正是我們最大的問題：今天，古老的中世紀烏托邦夢想已陷入勉力支撐的窘境。當然，我們可以再享有多一點的消費，多一點的保障——但污染、肥胖與老大哥式監控的負面影響也越來越令人擔憂。對於中世紀的夢想者而言，豐饒之地是個幻想樂園——普萊所謂的「一個逃離世間苦難的地方」。不過，我們要是請一三〇〇年的那位義大利農夫描述我們這個現代世界，他第一個聯想到的必定就會是科凱恩。

實際上，我們正生活在一個實現了聖經預言的時代。在中世紀看似奇蹟的事物，現在都已尋常無奇：盲人重見光明，跛腿的能夠再度站起來，死亡的生物也能復生。例如阿格斯第二代人工視網膜（Argus II）：這種腦部植入物可讓遺傳性眼疾病患恢復一定程度的視力。還有友信立可走（Rewalk）：這種機械腿可讓下肢癱瘓患者重拾步行能力。還有胃育蛙（Rheobatrachus）：這個青蛙物種在一九八三年滅絕，卻由澳洲科學家利用過往的DNA使牠們復活。袋狼是這個研究團隊的下一個目標，而他們的研究乃是屬於一套規模龐大的「拉撒路計畫」（Lazarus Project）（這個名稱取自新約聖經裡一個死後復活的人物）。

另一方面，以往的科學幻想也已紛紛成為科學事實。初步的無人駕駛車輛早已上路。現在，3D印表機能夠列印出完整的胚胎細胞結構，大腦內植入晶片的人士也能夠利用心思控制機械手臂。另外一項事實：自從一九八〇年以來，一瓦太陽能電力的價格已暴跌百分之九十九——你沒看錯，確實就是那麼多。我們要是幸運的話，3D印表機與太陽能面板也許有機會實現馬克思的理想（由大眾掌握所有的生產工具），而且不需要經過血腥的革命。

在很長一段時間裡，只有富裕西方的一小群菁英能夠享有豐饒之地。那樣的日子已經過去了。自從中國採用資本主義以來，已經有為數七億的中國人擺脫了赤貧。[7]非洲也正以飛快的速度甩脫經濟災難的惡名；現在全世界十大成長速度最快的經濟體當中，就有六個在非洲。[8]截至二〇一三年，地球上的七十億人口有六十億都擁有手機（相較之下，只有四十五億人擁有馬桶）。[9]在一九九四至二〇一四年間，全世界擁有網路連線的人口比例也從百分之〇．四躍升為百分之四十．四。[10]

在健康方面——這也許是豐饒之地最令人期待的面向——現代的進步也遠遠超越了我

們祖先最瘋狂的夢想。富裕國家雖然只能以平均壽命每週增加一個週末為足，非洲卻是一週增加四天。[11]就全世界而言，預期壽命從一九九〇年的六十四歲成長為二〇一二年的七十歲[12]——比一九〇〇年多了一倍以上。

現在也越來越少人挨餓。在我們的豐饒之地裡，我們也許無法從空中抓下烤鵝，但營養不良的人口數自從一九九〇年以來已減少了三分之一以上。一天攝取不到兩千大卡的全球人口數已從一九六五年的百分之五十一下滑到二〇〇五年的百分之三。[13]在一九九〇至二〇一二年間，超過二十一億人終於能夠取得潔淨的飲水。在同樣這段期間裡，生長遲緩的兒童人數減少三分之一，兒童死亡率下降了難以置信的百分之四十一，孕產婦死亡人數也少了一半。

那麼疾病呢？天花這個歷史上令人聞之色變的頭號凶手，已經完全被消滅。小兒麻痺也已近乎消失，在二〇一三年感染的人數比一九八八年少了百分之九十九。另一方面，越來越多的兒童都已獲得以往常見疾病的免疫接種。舉例而言，麻疹的全球疫苗接種率已從一九八〇年的百分之十六躍升至二〇一六年的百分之八十五，死亡人數則是在二〇〇〇與二〇一四年間減少了超過四分之三。自從一九九〇年以來，肺結核死亡率已下降將近一半。自從二〇〇〇年以來，死於瘧疾的人數已減少四分之一，愛滋病死亡人數在二〇〇五年以來也是如此。

有些數字看起來幾乎美好得不可置信。舉例而言，在五十年前，五個兒童有一個活不到五歲生日。二〇一六年呢？二十分之一。一八三六年，內森·梅耶·羅斯柴爾德（Nathan Meyer Rothschild）是全世界最富有的人，卻因為缺乏抗生素而死亡。近數十年來，防治麻疹、破傷風、百日咳、白喉與小兒麻痺的疫苗雖然便宜至極，每年拯救的性命卻比二十世紀死於戰爭的人數還多。[14]

當然，現在還有許多難以治癒的疾病，例如癌症，但即便在這方面，我們也一樣有所進展。二〇一三年，聲望崇高的《科學》（*Science*）期刊報導了一種利用免疫系統對抗腫瘤的方法，稱之為那一年最大的科學突破。人類幹細胞也在同一年首度複製成功，對於治療粒線體疾病而言——包括第一型糖尿病在內——乃是一項充滿希望的發展。

有些科學家甚至認為，第一個可望活到一千歲的人已經誕生。[15]

圖表二．疫苗的勝利

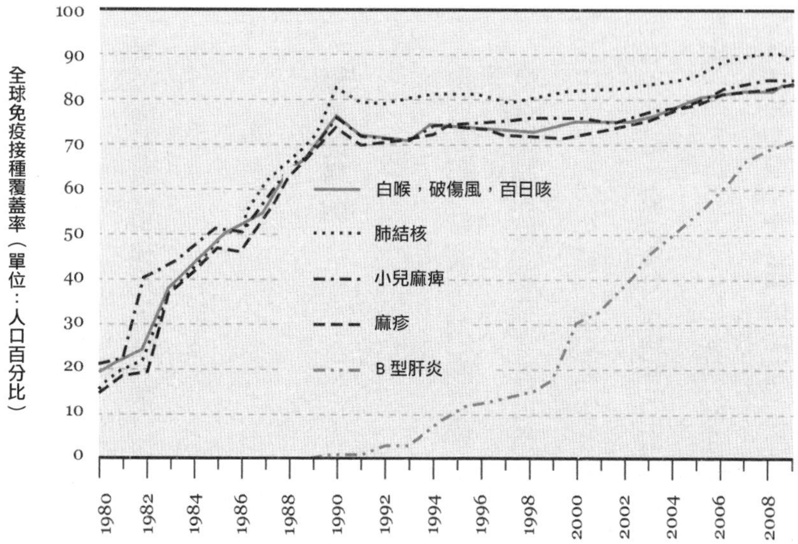

資料來源：World Health Organization

在這同時，我們又變得越來越聰明。一九六二年有多達百分之四十一的兒童沒有上學，在今天則是不到百分之十。[16]在大多數國家裡，平均智商每十年就上升三到五分，主要功臣是營養與教育的改善。這點或許也能夠解釋我們如何變得比以往文明許多，尤其過去這十年更足以被評為世界史上最和平的時期。位於奧斯陸的和平研究所（Peace Research Institute）指出，每年的戰爭傷亡人數自從一九四六年以來已遽減百分之九十。凶殺、搶劫以及其他型態的犯罪也持續減少。

「富裕世界目睹的犯罪越來越少，」《經濟學人》（*Economist*）在不久之前報導指出：「雖然還是有罪犯存在，但人數已遠少於以往，而且年紀也越來越大。」[17]

慘淡的樂園

換句話說，歡迎來到豐饒之地。

歡迎來到美好的生活。在這種生活中，幾乎每個人都富裕、安全而且健康。在這種生活中，我們只欠缺一個東西：一股在早晨驅使我們起床的動力。畢竟，你如果已經生活在樂園裡，就沒有什麼再加以改善的空間。早在一九八九年，美國哲學家法蘭西斯・福山（Francis Fukuyama）就提到在我們這個時代，人生已淪為「經濟算計、無窮無盡地解決技術問題、擔憂環境問題，以及滿足挑剔的消費者需求」。[18]

圖表三・戰爭日益減少

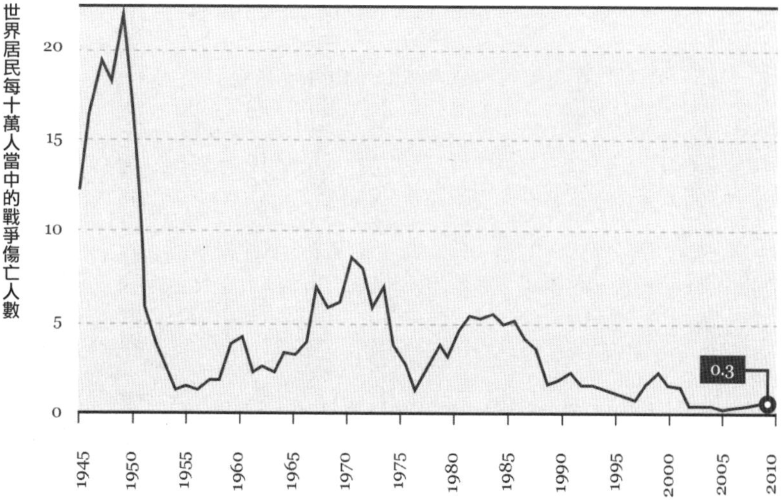

資料來源：Peace Research Institute Oslo

把我們的購買力再提高一個百分點，或是對我們的碳排放削減幾個百分點；也許發明一件新裝置——我們現在的願景差不多就是這樣而已。我們活在一個富有而且過度充裕的時代，但這麼一個時代又是多麼慘淡。現在「沒有藝術，也沒有哲學」，福山說。唯一剩下的，就是「永久看管著人類歷史的博物館」。

根據王爾德的說法，一旦抵達豐饒之地以後，我們應該再度把目光投向最遠的地平線，並且重新揚起船帆。「進步即是烏托邦的實現，」他寫道。不過，那個遙遠地平線仍是一片空白。豐饒之地籠罩在濃霧當中。就在我們應當肩負起為此一富裕、安全又健康的存有賦予意義的歷史性任務之時，我們卻反倒埋葬了烏托邦。我們沒有新的夢想可以取代烏托邦，原因是我們想像不出一個比當前更好的世界。實際上，富裕國家的大多數人都認為後代子孫過的生活會**比不上他們的父執輩。**[19]

不過，我們這個時代——我這個世代——的真正危機，不是我們過得不好，甚至也不是我們的生活在日後可能會走下坡。

真正的危機是，我們想不出更好的世界。

藍圖

本書無意預測未來。

本書的用意是要開啟未來，打開我們的心智之窗。當然，烏托邦真正帶給我們的啟示，常常是想像出那個烏托邦的時代所處的境況，而不是那個烏托邦的內容。豐饒之地的想像讓我們得以知道中世紀的生活是什麼模樣。艱苦嚴酷。或者，也許該說，幾乎世界各地的幾乎所有人都幾乎總是過著艱苦嚴酷的生活。畢竟，每個文化都有其自身版本的豐饒之地。[20]

簡單的渴望會產生出簡單的烏托邦。你如果肚子餓，就會夢想豐盛的大餐。如果覺得冷，就會夢想暖烘烘的柴火。面對年老體衰，你就會夢想恆久的青春。這些渴望全都反映在過往的烏托邦裡，因為那些烏托邦就是在人生仍然痛苦、野蠻又短暫的時候想像出來的。「大地沒有產生出任何可怕的東西，沒有疾病，」希臘詩人泰勒賽德斯（Telecides）在公元前五世紀幻想道。人如果需要任何東西，那個東西就會自動變出來。「每條溪都流著葡萄酒……魚會游進你家，自行烤熟，然後躺在你的桌上。」[21]

不過，在我們繼續談下去之前，且先來區別兩種形式的烏托邦思想。[22]第一種最為人熟悉，就是藍圖式烏托邦。像卡爾・波普爾（Karl Popper）與漢娜・鄂蘭（Hannah Arendt）這樣的傑出思想家，甚至是後現代主義這一整門哲學思潮，都致力於推翻這種烏托邦。他們大致上獲得了成功，為藍圖式樂園所下的定論至今仍然廣獲認同。

藍圖不是由抽象的理想構成，而是不可變的規則，不容許任何異議。義大利詩人托馬索·康帕內拉（Tommaso Campanella）的《太陽城》（*The City of the Sun*，一六〇二）即是一個典型的例子。在他幻想的烏托邦裡（實際上該說是反烏托邦），個人所有權受到嚴格禁止，每個人都必須愛別人，爭鬥更是死罪。私人生活受到國家控制，包括生育活動在內。舉例而言，聰明的人只能和愚笨的人上床，肥胖的人只能和纖瘦的人上床。一切措施的目的都在於打造受到偏好的中間狀態。不僅如此，每個人也都受到龐大的線民網絡監控。如果有人犯錯，就會遭到口語威嚇，直到他們心悅誠服地認為自己德行有虧，而坦然接受其他人的投石懲罰為止。

藉由後見之明，今天我們閱讀康帕內拉的這本書，都不免為其中隱含的法西斯主義、史達林主義與種族滅絕色彩感到毛骨悚然。

提出適當的問題

不過，另外還有一種烏托邦思想，但這種思想已幾乎遭到遺忘。如果說藍圖是高解析度的照片，那麼這種烏托邦就只是模糊的輪廓。這種烏托邦思想提供的不是解決方案，而是方向指引。這種思想不是強迫我們套上一件緊身衣，而是啟發我們做出改變。此外，這種思想也很明瞭這一點：就像伏爾泰（Voltaire）說的，完美是善的敵人。一位美國哲學家曾說：「任何一個認真的烏托邦思想家，都一定會對藍圖的概念感到不自在。」

23

英國哲學家湯瑪斯・摩爾（Thomas More）就是懷著這樣的精神，寫下他那本描寫烏托邦的著作（並且創造了「烏托邦」一詞）。他的烏托邦不是一份必須殘酷無情地如實套用的藍圖，而主要是一項控訴，指責貪得無厭的貴族階級不斷要求更多的奢華享受，但平民百姓卻生活在赤貧狀態下。

摩爾明白烏托邦一旦受到**太過**認真的看待，將會帶來危險的後果。「人必須能夠懷有熱切的信念，但也必須能夠看出自己信念的荒謬之處而一笑置之，」哲學家暨首要的烏托邦專家萊曼・托爾・薩金特（Lyman Tower Sargent）指出。如同幽默與諷刺，烏托邦也能夠敞開心智的窗口。這點非常重要。隨著人與社會的年歲逐漸增長，就會日益習於現狀，於是自由可能會變成牢籠，真理也可能淪為謊言。現代人有一項信條（更悲觀的說法則是稱之為一種信仰），認為世界上已不再有任何事物可以信奉，而這種態度也就導致我們無視於現在仍然每天都環繞在我們周圍的、種種短視近利與不公不義的現象。

簡單舉幾個例子：自從一九八〇年代以來，儘管我們已經遠比以往還要富有，為什麼在工作上付出的心力卻越來越多？儘管我們的富裕水準早已超越能夠徹底終結貧窮的程度，為什麼還是有千百萬人活在貧窮裡？而且，你的收入為什麼有超過百分之六十取決於你出生在哪個國家？[24]

烏托邦無法提供現成的答案，更遑論解決方案。不過，烏托邦確實會提出適當的問題。

宏大敘事的破滅

可嘆的是，今天我們還來不及做夢就會先被叫醒。一句老生常談的話說：美夢經常會變成噩夢。烏托邦極易滋生紛爭、暴力，甚至是種族滅絕。烏托邦終究會淪為反烏托邦；實際上，烏托邦**就是**反烏托邦。另一句老生常談的話說：「人類進步是個迷思。」──然而，我們卻打造出了中世紀人心目中的人間樂園。

的確，歷史上充滿了各種駭人的烏托邦型態──法西斯主義、共產主義、納粹主義──就像每個宗教都不免衍生出狂熱教派一樣。不過，如果有一名宗教狂熱分子煽動暴力，我們應該就此徹底否定那整個宗教嗎？既然不應該，那麼為什麼要否定烏托邦思想？難道我們應該完全停止夢想更美好的世界嗎？

當然不應該。不過，目前發生的狀況卻正是如此。樂觀與悲觀已成了消費者信心高低的同義詞。描繪不同世界的激進想法已變得幾乎不可想像。對於我們這個社會能夠達到什麼成就的期望已大幅降低，以致我們只能面對這項冷硬的事實：一旦沒有了烏托邦，唯一剩下的就是技術官僚。政治已經簡化成了問題管理。選民之所以來回擺盪，不是因為政黨之間極為不同，而是因為政黨都近似得幾乎無法辨別。現在右派與左派的差異，就只是所得稅率一、兩個百分點的落差而已。[25]

我們在新聞裡可以看到這一點，因為根據新聞報導的描繪，當今政治的重點並不是不同理想的選擇，而是政治人物職業生涯的成敗。我們在學術界也可以看到這一點，所有人都因為忙著撰寫而沒空閱讀，所有人都忙著出版而沒空辯論。實際上，二十一世紀的大學已淪為工廠，還有醫院、學校與電視台也都是如此。唯一重要的就是達成目標。不管是經濟、收視率還是出版量的成長都是一樣——雖然演變速度緩慢，但數量已逐漸取代了品質。

而促成這一切的動力，就是所謂的「自由主義」：一種已經幾乎空心化了的意識型態。現在，重要的是「做你自己」，以及「追求你的熱情」。自由也許是我們最高的理想，但我們的自由已成了一種空洞的自由。由於我們害怕任何形式的道德說教，以致道德在公共辯論當中成了禁忌。畢竟，公共場域應該「中立」——但公共場域卻從來不曾像現在這麼充滿家長式的壓迫。每個街角都充斥著各種誘惑，引誘我們狂飲、暴食、借貸、消費、辛勤工作、背負壓力以及欺詐牟利。不論我們怎麼推崇言論自由，令人起疑的是，我們卻正好都一致認同買得起黃金時段廣告的那些公司所宣揚的價值觀。[26] 要是有個政黨或者宗教教派擁有能在我們和我們孩子身上產生影響力的廣告產業，即使影響力只佔一小部分，我們早就群起抗爭了。不過，由於那是市場，所以我們保持「中立」。[27]

政府唯一能做的事情，就是修補當前的生活。你如果沒有遵循藍圖成為溫馴而滿足的公民，掌權當局絕對很樂於把你鞭策成應有的樣貌。他們最喜歡採用的工具是什麼？控制、監視以及壓迫。

另一方面，福利國家已越來越把關注焦點從造成我們不滿的原因轉向不滿的**症狀**。我們生病就去找醫生，心情低落就去找諮商師，體重過重就去找營養師，受到判罪就入獄坐牢，失業就去找就業服務員。所有這些服務都需要投入龐大成本，但拿得出來的成果卻是微乎其微。美國的醫療成本為全球最高，但實際上許多人的預期壽命卻出現**縮減**。

與此同時，市場與商業利益卻享有完全的自由。食品產業為我們提供充斥鹽、糖與脂肪的廉價垃圾食物，導致我們不想去找醫生和營養師都不行。不斷進步的科技消滅了越來越多的工作，導致我們不得不再回頭去找就業服務員。廣告產業更是一再鼓勵我們用自己沒有的錢購買我們不需要的垃圾，以便討好我們受不了的人。[28]然後，我們再去靠在諮商師的肩頭上哭泣。

這就是我們當今生活於其中的反烏托邦。

被寵壞的世代

我必須一再強調，重點不在於我們過得不好。絕對不是這樣。如果真的要說什麼，只能說今天的小孩都被太多的寵愛壓得喘不過氣。聖地牙哥州立大學（San Diego State University）心理學家珍．圖溫吉（Jean Twenge）針對當今與過去的青年進行了詳細的研究，結果發現自尊心在一九八〇年代以來出現了大幅增長。年輕世代認為自己比以前的人更聰明、更負責任，外貌也更迷人。

「這個世代的每個孩子都一再聽到別人這麼對他們說：『不管你想成為什麼樣的人，都一定可以成功。你與眾不同。』」圖溫吉說。[29]我們由大量的自戀餵養長大，可是我們一旦投入那個充滿著無限機會的寬廣世界，卻有越來越多的人一敗塗地、傷痕累累。這時我們才發現這個世界冷酷而殘忍，充滿了競爭與失業。人生不是只要對著星星許願就可以看見夢想成真的迪士尼樂園，而是一場激烈的競爭；你要是沒有成功，只能怪自己技不如人。

毫不意外，那樣的自戀掩藏了深切的不確定感。圖溫吉也發現，我們在過去數十年來變得更加擔心害怕。她比較了一九五二至一九九三年間的兩百六十九項研究，而斷定一九九〇年代初期的北美洲兒童平均比一九五〇年代初期的精神病患還要焦慮。[30]根據世界衛生組織的調查，憂鬱症甚至已成為青少年當中最大的健康問題，並且將在二〇三〇年成為全世界的頭號病因。[31]

這是個惡性循環。以前從來沒有這麼多青年需要看精神醫師。以前從來沒有這麼多的早期職業倦怠者。而且，我們吞下的抗憂鬱藥品也遠多於以往。一次又一次，我們都把失業、不滿與憂鬱這類集體問題怪罪在個人頭上：成功如果是一種選擇，那麼失敗也是。你丟了工作？就說你應該更努力吧。生病了？你的生活方式一定不夠健康。不快樂？去吃藥吧。

在一九五〇年代，只有百分之十二的青年對於「我是個非常特別的人」這句話表示認同。今天，這個比例高達百分之八十，[32]但事實卻是我們全都變得越來越相似。我們全都閱讀相同的暢銷書，看相同的賣座電影，也穿相同的運動鞋。我們的祖父母遵守家庭、教會以及國家設定的規矩，我們則是受到媒體、行銷以及家長式政府的限制。然而，我們雖然變得越來越相似，卻已遠遠過了大集體的時代。教會與工會的成員人數大幅下滑，右派與左派的傳統分界線也不再有任何意義。我們唯一在乎的是「解決問題」，彷彿政治可以外包給管理顧問去處理。

當然，還是有些人試圖喚回以往那種對於進步的信心。說起來，我這個世代的文化典型代表是科技宅男，可有任何出人意料之處？畢竟，他們的 app 與各式裝置就象徵了經濟成長。「我這個世代最優秀的人才都忙著思考怎麼吸引人點擊廣告，」一名曾在臉書工作的數學奇才感嘆道。[33]

讀者可別誤解了：為豐饒之地開啟大門的確實是資本主義。只不過，單靠資本主義不可能維繫豐饒之地。現在，進步已然成為經濟繁榮的同義詞，但二十一世紀將會為我們帶來挑戰，促使我們找出其他方法提振生活品質。西方的年輕人雖然大體上都是在不關心政治的技術官僚統治時代成年，我們卻必須再度回歸政治才能找到新的烏托邦。

就這個意義而言，我對我們的不滿感到振奮，因為不滿是與冷漠全然不同的反應。普遍可見的懷舊情緒，對於一個其實不曾存在過的過往所懷有的渴望，表示我們仍然擁有理想，儘管我們活埋了那些理想。

真正的進步需要一個東西，是知識經濟無法產生的：也就是對於何謂美好生活所懷有的智慧。我們必須實行彌爾（John Stuart Mill，一八〇六—七三）、羅素（Bertrand Russell，一八七二—一九七〇）與凱因斯（John Maynard Keynes，一八八三—一九四六）等大思想家早在一百年前就已倡導的這項觀念：「對目標的重視高於手段，對於善的偏好也甚於實用性。」[34]我們必須把我們的心思導向未來，而不能再透過民調與充斥壞消息的媒體消費我們自己的不滿。我們必須思考不同的道路，形成新的集體；我們必須超越當前這種侷限性的時代精神，而體認到我們其實都一樣懷有理想。

這麼一來，也許我們能夠再度超越自我的層次，把目光投向外面的世界。在那裡，我們將會看見美好的進步仍然在其歡樂的道路上持續行進。我們將會看見自己生活在一個極度美妙的時代，一個飢餓與戰爭越來越少而且繁榮與壽命不斷攀升的時期。不過，我們也會看見我們這些最富有的百分之十、百分之五、百分之一，還有多少可以努力之處。

回歸烏托邦

現在該是回歸烏托邦思想的時候了。

我們需要一個新的指標，一幅新的世界地圖，其中再度含有一座遙遠的未知大陸——

「烏托邦」。我指的不是烏托邦狂熱分子挾著其神權政治或五年計畫，而一味逼迫我們接受的那種不可變更的藍圖。那種藍圖只會把真實的人壓制在狂熱的夢想之下。想想這一點：**烏托邦**一詞的意思是「美好的地方」，也是「不存在的地方」。我們需要的是能夠激發想像力的不同遠景，而且是許多各式各樣的遠景；畢竟，互不一致的烏托邦是民主的血脈。

一如往常，我們的烏托邦將從小處著手。我們今天所謂的文明，其基礎是在許久之前由獨樹一格的夢想家所奠定的。西班牙僧侶德拉斯．卡薩斯（Bartolomé de Las Casas，一四八四—一五六六）倡導殖民者與拉丁美洲的原住居民地位平等，並且試圖建立一座所有人都享有舒適生活的殖民地。工廠老闆羅伯特．歐文（Robert Owen，一七七一—一八五八）支持英國勞工的解放，而經營了一家成功的棉紡廠，為員工支付公正的工資，並且禁止體罰。哲學家彌爾甚至認為女性與男性平等（他這樣的想法可能也和他的著作有一半出自他妻子的手筆有關）。

不過，有一件事情是確定的：如果沒有世世代代以來那些天真的夢想者，現在的我們一定還是處於貧窮、飢餓、骯髒、害怕、愚笨、病弱與醜陋的境地。如果沒有烏托邦，我們將不免迷失。不是說現況不好；恰恰相反。不過，我們要是沒有更好的希望，現況就不免慘淡荒涼。「人要擁有快樂，需要的不僅是各種事物的享受，還需要有希望、進取心和改變，」[35] 英國哲學家羅素一度寫道。他在其他地方又指出：「我們渴望的不該是個完成的烏托邦，而是一個想像與希望仍然存在且活躍的世界。」[36]

金錢比貧窮來得好，至少僅就財務理由而言是如此。

——伍迪·艾倫（Woody Allen，一九三五—）

夢想一：如果沒有人落到貧窮線以下

2

倫敦，二〇〇九年五月——一場實驗正在進行中。實驗對象：十三名流浪漢。他們是老資格的街友，其中有些人在倫敦市這座歐洲金融中心冰冷的人行道上已經睡了四十年。把警力支出、訴訟費用與社會服務等成本加總起來，這十三個麻煩製造者造就的帳單據估計達四十萬英鎊（六十五萬美元）以上，[1] 而且是一年就有這麼多。

這種情形如果繼續下去，對城市服務與當地慈善團體造成的負擔將會太大。於是，倫敦的援助組織「大道」（Broadway）做出了一項激進的決定：從現在開始，倫敦市這十三名徹頭徹尾的流浪漢將獲得貴賓待遇，從此向每天的食品券、慈善廚房以及收容所道別。他們將得到重大而立即的紓困。

從現在開始，這些露宿街頭的遊民將可無償獲得金錢。

說得精確一點，他們可以獲得三千英鎊的零用金，而且不需要為此付出任何代價。[2]這筆錢要怎麼花用也任由他們自己決定。他們如果願意，可以選擇接受一名顧問的建議，但也可以不要。他們領取這筆錢沒有任何附加條件，不需要回答任何會引誘他們踏入陷阱的問題。[3]

他們唯一受到詢問的問題是：**你覺得你需要什麼？**

園藝課

「我當時的期望不高，」一名社工後來回憶道。[4]不過，事實證明那些街友的欲求極為樸實。一支電話、一部辭典、一具助聽器——每個人對於自己需要什麼都各有想法。實際上，大多數人都非常節儉。經過一年後，他們平均只花了八百英鎊。

以吸食海洛因已有二十年的賽門為例。這筆錢轉變了他的人生。賽門戒掉毒癮，開始上園藝課程。「不曉得什麼原因，我這輩子第一次覺得一切都很順利，」他後來說：「我開始好好照顧自己，不但洗澡，也刮鬍子。現在，我已經在考慮要回家了。我有兩個小孩。」

這項實驗展開之後一年半，那十三名街友有七人已有了住處，還有兩人正準備搬進他們自己的公寓。這十三人全都針對建立償付能力與個人成長採取了關鍵性的步驟。他們參加課程，學習做菜，接受勒戒，探望家人，也開始規劃未來。

「這筆錢為人賦予了權能，」一名社工針對那筆個人預算指出：「這筆錢為人提供了選擇。我認為這種做法可以造就更美好的社會。」經過數十年徒勞無功的推促、拉扯、哄誘、懲罰、告發以及保護，九個惡名昭彰的遊民終於離開了街頭。付出的成本有多少？一年約五萬英鎊，包括社工的薪資在內。換句話說，那項計畫不僅幫助了十三個人，還大幅降低成本。[5] 就連《經濟學人》雜誌也不得不提出這個結論：「把錢花在無業遊民身上最有效率的方法，也許就是直接把錢送給他們。」[6]

堅實的資料

窮人不懂得理財。這似乎是一般通行的想法，幾乎可說是不證自明的道理。畢竟，他們要是懂得怎麼管理金錢，怎麼可能會陷入貧窮的境地？我們認定他們一定是把錢花在速食與汽水上，而不是用來買新鮮水果和書籍。所以，為了「幫助」他們，我們搞出各種天才不已的協助方案，造就大量的文書工作、登記系統，以及一大群的督察員，全都圍繞著聖經裡的這項原則而轉：「若有人不肯作工，就不可喫飯」（〈帖撒羅尼迦後書〉第三章第十節）。近年來，政府提供的協助越來越以就業為重心，接受補助者必須應徵工作、參加重返職場的訓練方案，並且從事強制性「志願」工作。這種做法宣稱是「由社會福利轉向工作福利」，其中隱含的訊息明白可見：無償提供金錢會使人懶惰。

只不過，證據顯示事實並非如此。

看看伯納·歐蒙迪（Bernard Omondi）。多年來，他在肯亞西部一個貧困區域的一座採石場工作，一天工資兩美元。後來，他在一天上午收到了一個奇特的簡訊。「我一看到那個訊息，不禁跳了起來，」伯納後來回憶道。他的銀行帳戶剛存進了五百美元。對他而言，這是將近一年的工資。

幾個月後，一名《紐約時報》記者走訪伯納的村莊，看到的情景彷彿是全村的居民都中了樂透一樣：那座村莊滿是現金。不過，沒有人因此花天酒地。相反的，住宅受到翻修，也有許多人做起了小生意。伯納以他的錢買了一部全新的代步工具：印度進口的巴賈吉拳擊手（Bajaj Boxer）摩托車，而藉此做起計程車的生意，一天可以賺進六到九美元。他的收入成長為原本的三倍以上。

「這種做法為窮人提供了選擇，」法耶（Michael Faye）表示。他是「直接捐贈」組織（GiveDirectly）的創辦人，伯納的那筆意外之財就是來自這個組織。「老實說，我不認為我清楚窮人需要什麼。」[7] 法耶給人的不是魚，甚至也不是給人釣竿教他們釣魚。他給人現金，認定知道窮人需要什麼的專家就是窮人自己。我問他直接捐贈的網站上為什麼看不到太多生動活潑的影片或照片，法耶回答說他不想打太多的情感牌。「我們的資料已經夠堅實了。」

他說得沒錯：根據麻省理工學院的一項研究，直接捐贈組織的現金補助促成了所得的長久上升（比實施這項計畫之前高出百分之三十八），也提高了住宅自有率和牲畜擁有率（高出百分之五十八），同時也促成兒童挨餓的日數減少百分之四十二。此外，每一筆捐款的百分之九十三都直接送到受益人的手上。[8] 谷歌看到直接捐贈組織的統計數據之後，隨即提供了一筆兩百五十萬美元的捐款。[9]

不過，伯納與他的同村居民不是唯一獲得天降好運的一群人。二〇〇八年，烏干達政府決定向一萬兩千名十六至三十五歲的人民發放將近四百美元。這筆錢幾乎可以說是無償提供：他們唯一必須做的事情就是提出一份商業計畫。五年後，這筆錢產生的效果令人目瞪口呆。那群受益人把錢投注於自己的教育以及生意投資當中，結果所得提高了將近百分之五十。此外，他們的受雇機率也增加了超過百分之六十。[10]

烏干達的另一項方案向該國北部一千八百名以上的貧窮婦女發放一百五十美元，結果也達到了近似的成效：所得飆升將近百分之一百。得到援助工作者協助的婦女（成本：三百五十美元）獲益稍微較多，但研究人員後來計算發現，把援助工作者的薪水直接併入補助款反倒效果更佳。[11] 如同這份報告直截了當地指出的，這樣的結果暗示了「非洲與世界各地的扶貧方案應當出現巨大改變」。[12]

南方革命

世界各地的研究都提供了確切的證據：無償提供金錢確實有效。研究已經顯示無條件的現金發放與以下這些現象的相關性：犯罪、兒童死亡率、營養不良、青少年懷孕以及逃學情形減少，學業表現、經濟成長與性別平等則是出現改善。[13]「窮人之所以窮的一大原因是他們沒有足夠的錢，」經濟學家查爾斯・肯尼（Charles Kenny）指出：「所以給他們錢會是減少此一問題的一種絕佳方式，實在不該令人感到意外。」[14]

曼徹斯特大學（University of Manchester）的學者在《把錢給窮人就對了》（*Just Give Money to the Poor*；二〇一〇）這部著作裡，提出無數的例子，顯示毫無條件或僅有極少數條件的現金發放確實產生了效果。在納米比亞，營養不良的統計數據大幅下滑（從百分之四十二減少為百分之十），逃學也是如此（從百分之四十下降至接近於零），還有犯罪也是（減少了百分之四十二）。在馬拉威，女性就學率大幅攀升百分之四十，不論她們收到的現金是否附帶條件。一次又一次，獲益最大的總是兒童。他們不再那麼經常挨餓以及罹患疾病，而且長得更高，在學校表現更好，被迫淪為童工的機率也降低。[15]

從巴西到印度，從墨西哥到南非，現金移轉方案已在南半球蔚為風潮。聯合國在二〇〇〇年提出千禧年發展目標之時，這些方案根本完全沒有受到注意。然而，到了二〇一〇年，這些方案卻已在四十五個國家、造福了超過一億一千萬個家庭。

回到曼徹斯特大學，研究者總結了這些方案的效益：（一）家戶善用他們收到的錢，（二）貧窮現象減少，（三）這些方案可能在所得、健康與稅收方面帶來各種長期效益，（四）這些方案的成本都比替代方案來得低。[16] 既然如此，與其派遣薪資高昂的白人搭著休旅車去幫助窮人，為什麼不直接把他們的薪資送給窮人就好？尤其這麼做還可以排除公部門的貪瀆習性。此外，無償提供的現金對於整個經濟也有助益：民眾增加消費，從而提振就業與所得。

無數的援助機構與政府都認定自己知道窮人需要什麼，而將資金投注於學校、太陽能板或者牲畜。當然，一頭牛總比沒有牛好，但我們因此付出了什麼代價？盧安達的一項研究估計指出，捐贈一頭懷孕母牛的成本約為三千美元（包括設置擠乳室）。這麼一筆錢相當於盧安達人五年的工資。[17] 或是以窮人受到提供的種種課程為例：各項研究一再顯示這類課程成本極高，但成果微乎其微，不論課程目標是學習釣魚、閱讀還是經營企業都一樣。[18]「貧窮的根本問題在於缺乏現金，而不是缺乏智力，」經濟學家漢倫（Joseph Hanlon）強調指出：「你如果沒有鞋子，怎麼可能把鞋帶綁緊？」[19]

錢的好處，就在於人可以用錢買他們自己需要的東西，而不是那些自認專家的傢伙認為他們需要的東西。而且，事實證明窮人**不會**把他們白白得到的錢拿去買一類商品：菸和酒。實際上，世界銀行的一項重大研究證明指出，在非洲、拉丁美洲與亞洲受到研究的所有案例當中，有百分之八十二都顯示菸酒消費反而**減少**。[20]

不過，還有更意想不到的情形。在賴比瑞亞，有人進行一項實驗，看看把兩百美元送給看起來最不老實的窮人會有什麼結果。他們找出貧民窟裡的酒鬼、毒蟲以及小罪犯。三年後，他們把那筆錢花在了什麼東西上？食物、衣服、藥品以及小生意。其中一名研究者驚嘆指出：「如果這些人都不會亂花白白得來的錢，那麼有誰會呢？」[21]

然而，「懶惰窮人」的論點卻總是一再被人提出。這種觀點的歷久不衰驅使科學家調查其真實性。才幾年前，聲望崇高的醫學期刊《柳葉刀》（*Lancet*）總結了他們的發現：窮人一旦收到無條件給予的金錢，實際上通常會更加努力工作。[22] 在納米比亞那項實驗的最終報告裡，一名主教提出了這項巧妙的聖經解釋。「仔細看〈出埃及記〉第十六章，」他寫道：「以色列人在逃離奴役的漫長旅程中得到了上天降下的食物，但他們沒有因此懶惰，反而因為吃了那些食物而有力氣繼續前進……」[23]

時機成熟

無償提供的金錢：歷史上有些首要思想家早就提出了這種想法。摩爾在一五一六年於他的著作《烏托邦》裡夢想了這一點。後來又有無數的經濟學家與哲學家——包括諾貝爾獎得主在內——跟著這麼做。[24] 這種想法的倡導者從左派到右派都有，連同新自由主義學派創始人海耶克（Friedrich Hayek）與傅利曼（Milton Friedman）也是。[25]〈世界人權宣言〉（Universal Declaration of Human Rights，一九四八）的第二十五條也承諾，這項夢想有一天將會實現。

這項夢想就是一種全民基本收入。

而且不是只有短短幾年，不是只有在開發中國家，也不是只以窮人為對象，而是名副其實：對所有人無償提供金錢。這麼一筆錢不是恩惠，而是權利。你可以稱之為「通往共產主義的資本主義道路」。[26]一筆足以維持生活的每月津貼，不必付出任何代價即可得到。唯一的條件是你必須「脈搏有在跳動」。[27]沒有督察員檢視你是否善用了那筆錢，也沒有人質疑你是否有資格領取那筆錢。從此以後，再也沒有特殊福利與援助方案，頂多只有為老年人、失業者與無能力工作者提供額外津貼。

基本收入：這種觀念的時機已然成熟。

加拿大米糠計畫

在加拿大溫尼伯（Winnipeg）一座倉庫的閣樓裡，擺著將近兩千個積滿了灰塵的箱子。那些箱子裡裝滿文件，包括圖表、報告與訪談，內容是關於戰後歷史上最引人入勝的一項社會實驗。

米糠計畫（Mincome）。

曼尼托巴大學（University of Manitoba）的福傑特（Evelyn Forget）教授在二〇〇四年初次聽聞這些記錄，於是花了五年的漫長時間找尋，終於在二〇〇九年在國家檔案館發現了這些箱子。「當時〔檔案管理員〕正在想著是否能夠把這些箱子丟掉，因為這些箱子占了很多空間，而且好像也沒有任何人對這些東西感興趣，」她後來回憶道。[28]

福傑特初次踏進那間閣樓的時候，幾乎不敢相信自己的眼睛。那簡直是一堆寶藏，其中的資訊記錄了摩爾五百年前的夢想落實在真實世界裡的結果。

收藏在那些箱子裡的將近一千份訪談當中，有一份的訪談對象是亨德森夫婦休伊與朵琳（Hugh and Doreen Henderson）。三十五年前，在這項實驗開始時，休伊原本是一所高中的工友，朵琳則是家庭主婦，在家照顧他們的兩個子女。亨德森夫婦的生活過得並不輕鬆。朵琳種植了一座菜園，也養了一些雞，以確保他們不至於餓肚子。每一分錢都「用在刀口上」。

後來，在一個尋常無奇的日子，兩名衣著體面的男子突然出現在他們的門前。「我們填了一些表格，他們要看我們的收據，」朵琳回憶道。[29]然後，就這樣，亨德森夫婦的金錢煩惱突然成了過去式。休伊與朵琳登記加入了米糠計畫——這是加拿大的第一項大規模社會實驗，也是全世界有史以來最大的基本收入實驗。

一九七三年三月，曼尼托巴省長為這項計畫撥款，金額相當於今天的八千三百萬美元。[30]他選擇了溫尼伯西北方住有一萬三千人的多芬（Dauphin）這座小鎮做為實驗地點。多芬的所有居民都獲得基本收入的保證，確保沒有人會跌落貧窮線以下。在實務上，這表示該鎮有百分之三十的居民——總共是一千戶家庭——每個月都會收到一張支票。一個四口家庭一年收到的金額，換算為今天的幣值約是一萬九千美元，而且絲毫不受過問。

這場實驗剛開始時，一大群研究人員來到了這座小鎮。經濟學家負責監看居民是否因此荒廢工作，社會學家負責檢視家庭生活因此受到的影響，人類學家進駐當地的社區，親眼觀察居民的反應。

在四年的時間裡，一切進行得相當順利。不過，後來的選舉對這項實驗造成了阻礙。一個保守派政府勝選上台，新就任的加拿大內閣不認為這項昂貴的實驗有任何意義，尤其是中央政府還負擔了其中四分之三的支出。由於新政府連分析實驗結果的資金都不願提供，因此研究人員也就決定把他們的檔案打包於那兩千個箱子裡。

多芬的居民對此深感失望。米糠計畫在一九七四年展開的時候，原本被視為一項試行計畫，將在不久之後推廣至全國。現在，這項計畫卻似乎注定將受到遺忘。「反對〈米糠計畫〉的政府官員不希望花更多錢分析資料，而找出與他們原本的想法相同的結果：也就是這項計畫根本無效，」其中一名研究人員回憶指出：「米糠計畫的支持者也很擔心，因為分析結果倘若不如他們的預期，那麼他們就是又多花了一百萬美元在分析工作上，這樣反倒令自己更加難堪。」[31]

福傑特教授初次聽聞米糠計畫的時候，完全沒人知道那場實驗究竟證明了什麼。不過，加拿大的國民醫療保險方案恰巧在一九七〇年的這時候推出。國民醫療保險方案的檔案為福傑特提供了豐富資料，能夠對多芬與鄰近城鎮以及控制組進行比較。在三年的時間裡，她以嚴謹的態度對這些資料從事了各式各樣的統計分析。不論她怎麼分析，每次的結果都是一樣。

米糠計畫其實大獲成功。

從實驗到立法

「政治上存在著一項擔憂，認為如果提供保證年收入，民眾就會不再工作，並且開始生養大批子女，」福傑特說。[32]

實際上的狀況卻是恰恰相反。青年推遲結婚時間，生育率也出現下滑。他們的學業表現大幅改善：「米糠族群」不但學習得更認真，速度也更快。此外，總工作時數的變化也只有男性減少百分之一，已婚女性減少百分之三，未婚女性減少百分之五。身為家庭經濟支柱的男性，工作時數幾乎完全沒有減少；新生兒的母親利用那筆現金津貼放了幾個月的育嬰假，學生則是延長了就學時間。[33]

不過，福傑特最引人注目的發現，卻是住院率降低達百分之八．五之多。考量已開發國家在醫療上的公共支出規模，此一現象造成的財務影響可是極為巨大。那項實驗實施了幾年之後，家暴發生率也出現下降，還有心理健康問題也是如此。米糠計畫改善了那整座城鎮的健康情形。福傑特甚至發現基本收入造成的影響可以延續至下一代，包括在所得與健康方面。

多芬這座沒有貧窮的小鎮，是北美洲五項保證收入實驗的其中一個。另外四項實驗都在美國。今天幾乎沒有人知道美國曾經差點實施至少與大多數西歐國家一樣全面性的社會安全網。詹森（Lyndon B. Johnson）總統在一九六四年宣告發動「反貧窮之戰」，民主黨與共和黨都一致支持基本福利改革。

不過，首先必須進行一些試驗。政府預算規劃了數千萬美元，要為紐澤西州、賓州、愛荷華州、北卡羅萊納州、印第安納州、西雅圖與丹佛等地，超過八千五百名美國民眾提供基本收入，而這也是史上第一項區分了實驗組與控制組的大規模社會實驗。研究人員想要找出三個問題的答案：（一）民眾如果得到保證收入，會不會大幅減少在工作上的付出？（二）這樣的方案會不會成本太高昂？（三）這樣的方案會不會證明在政治上行不通？

答案分別為：不會，不會，會。

工作時數的減少在全盤上都相當有限。「『懶惰』論點並沒有受到我們的研究發現所支持，」丹佛實驗的首席資料分析師表示：「不論在哪裡都沒有出現接近於悲觀論者預言的那種工作荒廢潮現象。」有酬工作的減少幅度平均為每個家庭百分之九，而且每個州裡減少工作的族群主要都是二十幾歲的年輕人以及育有年幼子女的女性。34

後續研究顯示，即便是百分之九恐怕也有誇大之嫌。在原本的研究裡，這個數字是由自我回報的收入計算出來的結果。不過，把資料比較於政府官方記錄之後，即可發現有一大部分的收入沒有受到回報。校正了這項差異之後，研究人員發現工作時數幾乎根本沒有減少。[35]

「有酬工作時數的減少無疑有一部分受到其他有用活動的彌補，例如尋求更好的工作或者在家工作，」西雅圖實驗的總結報告指出。舉例而言，一名高中輟學的母親減少了工作時數以便取得心理學的學位，後來找到了一份擔任研究人員的工作。另一名女子上了表演課，她的先生則是開始作曲。「我們現在已是收入可以自給自足的藝術家了，」她對研究人員說。[36]在那些實驗的少年當中，幾乎所有不是從事有酬工作的時間都投入了接受更多教育。在紐澤西的實驗對象裡，高中畢業率上升了百分之三十。[37]

於是，在革命性的一九六八年，就在世界各地的年輕示威者紛紛走上街頭之際，五位著名的經濟學家——加爾布雷斯（John Kenneth Galbraith）、華茲（Harold Watts）、托賓（James Tobin）、薩繆森（Paul Samuelson）與蘭普曼（Robert Lampman）——寫了一封致國會的公開信。「這個國家必須確保所有國民獲得不低於官方定義的貧窮水準的收入，才能算是盡到了責任，」他們在一篇刊登於《紐約時報》頭版的文章裡寫道。這五位經濟學家指出，做到這一點的成本將會「相當高，但完全在我國的經濟與財政能力內」。[38]

這封公開信獲得另外一千兩百名經濟學家的連署支持。

他們的訴求也沒有遭到忽略。次年八月，尼克森（Richard M. Nixon）總統提出一項承諾低度基本收入的法案，稱之為「我國歷史上最重要的一項社會立法」。尼克森指出，戰後嬰兒潮世代將會做到兩件先前世代認為不可能的事情。除了把人送上月球之外（這點剛在一個月前實現），這個世代也終將消除貧窮。

白宮舉行的一場民意調查發現百分之九十的報紙都熱切支持這項計畫。[39]《芝加哥太陽報》（*Chicago Sun-Times*）稱之為「一大躍進」，《洛杉磯時報》（*Los Angeles Times*）稱之為「一份大膽的新藍圖」。[40]美國基督教會聯合會也支持這項計畫，還有工會乃至企業部門也是如此。[41]白宮收到一份電報，內容宣告道：「兩位願意資助這項方案的上層中產階級共和黨員喝采叫好。」[42]評論家甚至一再引用雨果（Victor Hugo）的話：「一項觀念的時機一旦成熟，力量無人能擋。」

基本收入實現的時機似乎真正來臨了。

「福利計畫獲眾院通過……這是改革運動的一場勝仗，」《紐約時報》在一九七〇年四月十六日刊登了這個頭條標題。在兩百四十三張贊成票對一百五十五張反對票的表決結果下，尼克森總統的「家庭資助計畫」（Family Assistance Plan）獲得了壓倒性多數通過。大多數的評論家都預期這項計畫也將獲得參議院通過，因為參議院的成員甚至比眾議院成員更具進步色彩。不過，參議院財政委員會卻提出了疑慮。「這是參院處理過範圍最廣、支出最高，而且涵蓋對象也最多的福利法案，」一名共和黨參議員指出。[43]不過，最強烈反對的是民主黨參議員。他們認為家庭資助計畫提出的做法還不夠，而要求更高的基本收入。[44]在參議院與白宮之間來來回回了幾個月之後，這項法案終於遭到了捨棄。

次年，尼克森向國會提出一項經過稍微調整的提案。再一次，這項法案又獲得眾議院通過，現在成了一大套改革措施的一部分。這一次，贊成票為兩百八十八票，反對票一百三十二票。在一九七一年的國情咨文報告裡，尼克森認為自己打算為「美國每個育有子女的家庭提供最低收入」的計畫，是他最重要的一項法案。[45]

不過，這項法案到了參議院又再度卡關。

提供基本收入的計畫直到一九七八年才遭到徹底放棄，原因是西雅圖實驗的最終結果發表之後，被人發現了一項致命缺點。該項結果尤其吸引了所有人的注意：離婚數躍升超過百分之五十。這個數據引起的興趣立刻掩蓋了其他所有結果，諸如學業表現的提升以及健康情形的改善。基本收入顯然為女性賦予了太多的獨立能力。

十年後，對於這份資料的重新分析揭露了一項統計錯誤；實際上，離婚率根本沒有改變。[46]

徒勞、危險，而且有違常理

「在一九七六年之前征服美國的貧窮現象，這是做得到的！」諾貝爾獎得主托賓在一九六七年充滿信心地寫道。那時候，將近百分之八十的美國民眾都支持保證基本收入。[47]多年後，雷根（Ronald Reagan）卻以譏嘲的態度說了這句名言：「我們在六〇年代對貧窮宣戰，結果貧窮贏了。」

文明的重大里程碑在剛開始總是帶有烏托邦的氣息。著名經濟學家赫希曼（Albert Hirschman）指出，烏托邦一開始都會受到三個理由的攻擊：徒勞（不可能實現）、危險（風險太高），而且有違常理（這種做法會演變為反烏托邦）。但赫希曼也寫道，烏托邦一旦實現之後，經常都會被視為平凡無奇。

不是太久之前，民主也曾經看起來像是個輝煌耀眼的烏托邦。許多傑出的心智，從哲學家柏拉圖（公元前四二七—三四七）到政治家柏克（Edmund Burke，一七二九—一九七）都提出警告，指稱民主將會是徒勞（平民百姓太愚笨，沒有辦法因應民主）、危險（多數決就像是玩火一樣）而且有違常理（「大眾利益」很快就會遭到某個狡詐的將軍或是其他人的利益所破壞）的做法。比較看看反對基本收入的論點：基本收入必定會是一場徒勞，因為我們負擔不起這樣的開支；基本收入很危險，因為民眾會因此不再工作；基本收入有違常理，終究將會導致少數人更辛勤工作以養活大多數人。

不過……等一下。

徒勞？自古以來，我們當今的富裕程度首次達到了能夠提供一筆可觀的基本收入的程度。我們可以丟掉那整套不計代價迫使受扶助者從事低生產力工作的繁瑣官僚制度，也可以揚棄複雜的租稅減免制度，而把資金挹注於這套簡化的新體系。如果還需要額外的資金，則可以藉著對資產、廢棄物、原料以及消費課稅而籌得。

且來看看數字。消除美國的貧窮只需要一千七百五十億美元，不到國內生產毛額的百分之一。[48]這筆金額差不多是美國軍事支出的四分之一。比起阿富汗與伊拉克的戰爭，打贏反貧窮之戰實在是極為划算。根據一項哈佛研究的估計，阿富汗與伊拉克的戰爭已導致美國花費了令人瞠目結舌的四到六兆美元。[49]實際上，全世界的已開發國家都早在許多年前就已經有能力消除貧窮。[50]

然而，僅僅幫助窮人的制度卻只會加深窮人與社會其他族群的隔閡。「專為貧民制定的政策是一種貧乏的政策，」英國的福利國家理論大師提墨斯（Richard Titmuss）指出。左派人士有一種根深柢固的自然反射，總是忍不住為每一項計畫、每一項減免、每一項福利附上資格條件。問題是，這種傾向只會造成反效果。

在一篇發表於一九九〇年代晚期而現在已廣為人知的文章裡，兩名瑞典社會學家證明指出：政府政策最全民化的國家，在減少貧窮的表現上也最有成效。[51] 基本上，人在對自己有利的情況下會比較願意展現團結精神。我們和我們的家人與朋友如果越有可能獲益於福利國家，我們就越會願意對福利國家有所貢獻。[52] 因此，就邏輯上而言，遍及全民的無條件基本收入也會獲得最廣泛的支持。畢竟，所有人都可因此得益。[53]

危險？的確，有些人可能會選擇少工作一點，但這也正是重點所在。少數藝術家與作家（「所有那些活著的時候遭到社會鄙視，死後卻獲得社會推崇的人」——羅素）可能會徹底放棄有酬工作。壓倒性的證據顯示人其實想要工作，不論他們是不是有需要工作。[54] 實際上，沒有工作會使我們深感不快樂。[55]

基本收入的一個好處，就是可以讓窮人擺脫福利陷阱，並且促使他們尋求真正具有成長與晉升機會的有酬工作。由於基本收入不帶條件，也不會因為受益者找到有酬工作而遭到剝奪或者減少，因此只會改善窮人的處境。

有違常理？恰恰相反，當前的福利制度才是真正淪落成了一頭有違常理而且充滿控制與羞辱的怪獸。官員透過臉書監視公共補助受益者，確認他們是否明智運用他們的錢——要是有人膽敢從事沒有受到核准的志願工作，就等著遭殃吧。而由於資格審核、申請、核可以及追回程序複雜得令人眼花撩亂，所以國家還必須雇用一大批社工人員對民眾提供協助。接下來，還需要有一群督察員負責篩檢大量的文件。

原本應當為人民促進安全感與自尊的福利國家，已淪為一套充滿懷疑與羞辱的體系。這是右派與左派之間一項怪誕的協定。「政治右派害怕人民會不再工作，」福傑特教授在加拿大感嘆道：「左派則是不信任他們自行做出的選擇。」[56]一套基本收入體系會是比較好的妥協。就重新分配而言，這種做法能夠滿足左派對於公平的要求；在政府的干預和羞辱方面，這種做法則是會給予右派一個比以往都還要有限的政府。

不同的討論、不同的思考

以前就有人說過了。

我們面對的福利國家制度來自於一個過往的時代，當時的家計負擔者主要仍是男性，而且一般人一輩子都在同一家公司工作。退休金制度與就業保護規則只適用於那些有幸擁有穩定工作的人，公共救助則是植根於一項誤解，認為我們可以仰賴經濟產生足夠的工作，而且福利救濟經常不是彈跳床，而是陷阱。

歷史上從來沒有過像現在這麼適合實施全民無條件基本收入的時機。看看我們的四周。職場彈性的增加迫使我們必須創造更大的保障。全球化侵蝕了中產階級的工資。擁有大專學位與沒有大專學位的人士之間越來越大的落差，使得我們必須助弱勢者一臂之力。隨著機器人發展得越來越聰明，未來連優勢族群的工作也可能會被搶走。

近數十年來，中產階級維持消費力的方式是背負越來越多的債務。不過，我們現在已知道這個模式並不可行。「不肯工作就沒東西吃」這句老格言，現在已被濫用為合理化不平等的藉口。

可別誤解我的意思，資本主義的確是促成繁榮的絕佳動力。「資本主義達成的奇蹟遠勝過埃及金字塔、羅馬引水道以及哥德式大教堂，」馬克思與恩格斯在《共產宣言》

（*Communist Manifesto*）裡這麼寫道。然而，正是因為我們比以往都還要富裕，所以我們現在才有能力邁出進步史上的下一步：為每個人提供基本收入的保障。這是資本主義向來都應當追求的目標。我們可以把這個目標視為進步的紅利，因為先前世代的血淚與汗水才得以實現。歸根究柢，我們的繁榮只有一小部分來自於我們自己的努力。身為豐饒之地的居民，我們享有的富裕必須歸功於我們的祖先為我們累積的制度、知識與社會資本。這筆財富屬於我們所有人，而基本收入即可讓我們所有人共享這筆財富。

當然，我的意思不是說我們應該不經思考就實踐這個夢想。這樣有可能會造成災難性的後果。烏托邦總是先從小處著手，藉由實驗緩慢改變世界。這樣的實驗在幾年前發生於倫敦的街頭上，當時十三名街友不經過問就得到了三千英鎊。如同其中一名援助工作者說的：「我們很難在一夕之間改變自己處理這種問題的方式。這些試行計畫讓我們有機會可以進行不同的討論、不同的思考，並且以不同的方法敘述這個問題……」

所有的進步都是這樣開始的。

於是，我們有督察員的督察員，也有人製作儀器讓督察員檢驗督察員。人的真正使命應該是回到學校，認真思考他們在被人告知他們必須賺錢謀生之前所思考的那些事情。

——理查・富勒（Richard Buckminster Fuller，一八九五—一九八三）

3 當心智頻寬超載的時候

一九九七年十一月十三日，一家新賭場在北卡羅萊納州的大煙山（Great Smoky Mountains）南側開張。儘管那天的天氣很不好，門口卻還是排了一條長長的隊伍。隨著數以百計的人不斷湧入，賭場老闆於是開始建議民眾待在家裡。

這家賭場引起的廣泛興趣並不令人意外。畢竟，那天開張的可不是什麼狡詐的黑手黨所經營的賭窟。不論在當時還是現在，哈拉斯切羅基（Harrah's Cherokee）都是一座巨大的豪華賭場，由東切羅基印第安人持有以及經營，而且這家賭場的開張標誌了一場長達十年的政治拔河的結束。一名部落首領甚至預言指出：「賭博將會是切羅基人的天譴。」[1]此外，北卡羅萊納州的州長也一再試圖阻擋這項計畫。

開張之後不久，事實即證明這座賭場占地三萬五千平方英尺的娛樂樓層，以及容納了超過一千個房間與一百間套房還有無數商店、餐廳、游泳池與健身中心的三幢飯店大樓，為這個部落帶來的不是天譴，而是解脫。而且，這座賭場也沒有引發組織犯罪。完全沒有：賭場的利潤——在二〇〇四年達一億五千萬美元，在二〇一〇年更成長至將近四億美元[2]——使得這個部落得以興建新的學校、醫院以及消防局。不過，絕大部分的營收都直接進入了東切羅基印第安人部落八千名男女老幼的口袋裡。他們從賭場獲得的收入在一開始是一年五百美元，接著隨即在二〇〇一年達到六千美元，提供平均家庭收入的四分之一至三分之一。[3]

巧合的是，一位名叫珍．科斯特洛（Jane Costello）的杜克大學（Duke University）教授正好從一九九三年開始研究大煙山南側的兒少心理健康狀況。每一年，參與她這項研究的一千四百二十名兒童都會接受一次精神測驗。累計結果已顯示，成長於貧窮當中的兒童比較容易出現行為問題。不過，這項發現算不上什麼新聞。另一位名叫賈維斯（Edward Jarvis）的學者早在一八五五年發表的〈精神失常報告〉（Report on Insanity）這篇著名論文裡，就已得出了貧窮與精神疾病的相關性。

但這個問題還是沒有解決：何者是因，何者是果？在科斯特洛從事她的研究之際，當時越來越流行的看法是把精神問題歸因於個人遺傳。如果問題的根源在於自然，那麼每年給他們一堆錢就只是因應症狀而忽略了疾病本身。但另一方面，如果精神問題不是貧窮的肇因，而是貧窮的後果，那麼那筆六千美元就可能真正產生奇蹟般的效果。科斯特洛意識到，那家賭場的開張提供了一個獨特的機會，可以進一步釐清這個長期以來的問題，因為她的研究對象有四分之一是切羅基部落的兒童，其中超過一半都生活在貧窮線以下。

賭場開張之後不久，科斯特洛就已經注意到她的研究對象出現了大幅改善。擺脫貧窮的兒童所出現的行為問題減少了百分之四十，而與從來不知匱乏為何物的同儕處於相同的範圍內。切羅基人當中的青少年犯罪率，連同吸毒與飲酒現象都一起下降，而且他們的學業成績也有了顯著改善。[4] 現在，切羅基學童的學業表現已和這項研究裡的非部落成員不相上下。

在那座賭場開張十年後，科斯特洛的研究發現顯示，兒童在越小的年齡脫離貧窮，少年時期的精神健康狀況就越好。科斯特洛在她年齡最小的研究對象當中觀察到犯罪行為「遞減」。實際上，她研究裡的那些切羅基兒童，現在的行為表現已優於控制組。

看見這些資料，科斯特洛起初的反應是不敢置信。「我原本的預期是社會干預只會有相對微小的影響，」她後來表示：「這項社會干預卻產生了相當大的效果。」[5] 科斯特洛教授計算發現，每年額外的四千美元收入造成切羅基少年在二十一歲之前會多接受一年的教育，而且在十六歲留下犯罪記錄的機率也減少了百分之二十二。[6]

不過，最重要的改善在於那筆錢如何幫助父母教養子女。在賭場開張之前，父母在整個夏季拚命工作，到了冬季則是經常處於失業狀態而背負著沉重的壓力。新出現的那筆收入使得切羅基家庭能夠存下一些錢，並且預先繳付帳單。這些擺脫貧窮的父母，現在表示他們有比較多的時間陪伴子女。

然而，科斯特洛發現他們的工作時數並沒有減少。母親與父親投入工作的時間仍然與賭場開張前一樣多。部落成員維琪．布萊德利（Vickie L. Bradley）表示，那筆錢最重要的貢獻在於減輕家庭的壓力，於是他們原本耗費在擔憂金錢的心神，現在也就能夠投注在子女身上。這樣的改變「有助於父母成為更好的父母」，布萊德利解釋道。[7]

那麼，窮人的心理健康問題究竟肇因何在？是自然還是文化？科斯特洛的結論是兩者皆是，因為貧窮的壓力會使人在遺傳上發生疾病或異常的風險升高。[8]不過，這項研究還有另一項更重要的啟示。

遺傳基因無法改變，但貧窮可以。

窮人為什麼會做蠢事

一個沒有貧窮的世界——這可能是歷史最悠久的烏托邦。不過，認真看待這個夢想的人都不免得面對幾個棘手的問題。窮人為什麼比較容易犯罪？窮人為什麼比較容易罹患肥胖症？窮人酗酒與吸毒的情形為什麼比較嚴重？簡言之，窮人為什麼會做出這麼多愚蠢的決定？

說得太嚴苛了嗎？也許。可是看看統計數字吧：窮人的借貸比別人多，儲蓄比別人少，抽菸比別人多，運動比別人少，喝酒比別人多，吃的食物也比較不健康。提供理財訓練課程，窮人一定不會去報名。窮人如果應徵工作，經常會寫出最糟的求職信，出席面試也經常穿著最不專業的服裝。

英國首相柴契爾（Margaret Thatcher）夫人曾經把貧窮稱為「人格缺陷」。[9] 儘管大多數的政治人物都不會說得這麼露骨，但這種認為貧窮的解決之道在於個人身上的觀點卻不罕見。從澳洲、英國、瑞典乃至美國，都存在著一種根深柢固的想法，認為貧窮是個人必須自行克服的問題。當然，政府可以提供誘因引導他們往正確的方向前進——藉由促進認知的政策、藉由懲罰，尤其是藉由教育。實際上，在對抗貧窮的戰爭中如果有一個受到公認的萬靈丹，那就是高中畢業證書（更好的是大專學位）。

可是真的只要這樣就夠了嗎？

要是窮人實際上沒有能力自助呢？要是所有的誘因、所有的資訊和教育都如水過鴨背般毫無作用呢？要是那些用意良善的引導實際上只會導致狀況變得更糟呢？

情境的力量

這些都是很嚴苛的問題，但提出這些問題的可不是隨便的一般人，而是普林斯頓大學心理學家夏菲爾（Eldar Shafir）。他與哈佛大學經濟學家穆蘭納珊（Sendhil Mullainathan）近來針對貧窮發表了一項革命性的新理論。[10] 這項理論的重點是？笨蛋，重點在於情境。

夏菲爾的野心非常大，他想要打造一整門新的科學領域：匱乏的科學。可是我們不是已經有這麼一門科學了嗎？經濟學？「我們經常聽到別人這麼說，」夏菲爾在阿姆斯特丹一家飯店和我會面的時候笑著說：「可是我的興趣在於匱乏的心理學，而這方面的研究卻是少得令人吃驚。」

在經濟學家眼中，匱乏是一切事物的核心要素——畢竟，就算是最富有的富豪也無法買下所有的東西。不過，匱乏的**觀感**卻不是無所不在。空白的時間表和行程爆滿的工作日感覺起來不一樣，而這可不只是一種無害的小小感受。匱乏會影響你的思考。人如果認為一件事物具有匱乏性，就會表現出不同的行為反應。

那件事物是什麼並不重要；不管感覺不夠的是時間、友誼，還是食物，一樣都會促成「匱乏心態」，而這種心態有其效益。體驗到匱乏感的人善於因應自己的短期問題。窮人在短期內量入為出的能力令人難以置信，就像工作過度的企業執行長能夠憑著意志力搞定一項交易一樣。

貧窮從不給人喘息的機會

儘管如此，「匱乏心態」的缺點卻超出效益。匱乏會促使你縮小目光，把注意力集中於眼前的欠缺、即將在五分鐘後開始的會議，或是明天必須繳付的帳單。長期觀點因此被拋出窗外。「匱乏會耗竭你的精力，」夏菲爾解釋道：「你會比較沒有能力專注於其他對你也具有重要性的事情。」

這種情形可以比擬為一部新電腦在同時執行著十個效能吃重的程式。這部電腦的速度會越來越慢，開始出錯，最後陷入當機——不是因為那部電腦不好，而是因為那部電腦必須同時做太多事情。窮人也有類似的問題。他們之所以做出愚蠢的決定，不是因為他們真的比較笨，而是因為他們生活在任何人都會做出愚蠢決定的情境裡。

像是**晚餐吃什麼**？以及**我要怎麼撐過這個星期**？這類問題，都會對一項重要能力造成負擔。夏菲爾與穆蘭納珊稱之為「心智頻寬」。「你如果想要了解窮人，就想像自己的心思放在別的地方，」他們寫道。「自制力感覺像是一項挑戰。你一再分心，也極易感到不安，而且這種情形每天都會發生。」就是因為這樣，所以匱乏——不論是時間還是金錢的匱乏——才會導致不明智的決定。

不過，生活忙碌與活在貧窮當中有一項關鍵的差異：貧窮從不給人喘息的機會。

兩項實驗

所以，具體來說，貧窮究竟會讓人變笨多少？

「我們發現的效果相當於十三至十四分的智商分數之間，」夏菲爾說：「差不多等於是一夜沒睡或者酗酒造成的影響。」令人驚奇的是，我們早在三十年前就能夠知曉這一切。夏菲爾與穆蘭納珊仰賴的並不是像腦部掃描這樣的複雜科技。「經濟學家研究貧窮已經有許多年的時間，心理學家研究認知能力限制也已有許多年的時間，」夏菲爾解釋道：「我們只是把這兩者結合起來而已。」

這一切始於幾年前，在美國一家典型購物中心舉行的一系列實驗。研究人員攔下購物者，問他們如果必須花錢修車，他們會怎麼做。他們對部分受訪者提出的維修費用是一百五十美元，對其他人則是提出一千五百美元。他們會一次付清、借貸修車、加班賺錢，還是會推遲修車的時間？那些購物者在思考這個問題的時候，也同時接受了一系列的認知測驗。在維修費用比較低的情境裡，低收入者得到的測驗成績和高收入者差不多一樣。但在面對維修費高達一千五百美元的情況下，窮人的測驗成績就低了許多。單是想到一項重大的財務損失，就減損了他們的認知能力。

夏菲爾與他的研究同僚校正了這項購物中心調查當中所有可能的變數，但有一項變數是他們無法消除的：受訪的富人和窮人不是同一群人。理想上，他們應該要找一群原本貧窮但後來富了起來的人士，以便在他們身上得到相同的調查結果。

夏菲爾在八千英里外找到了他所尋求的對象，在印度鄉下的維魯普蘭（Vilupuram）與蒂魯瓦納馬萊（Tiruvannamalai）。條件完全符合需求；該區的蔗農有百分之六十的年所得都在收穫之後一次取得。這表示他們在一年裡會有一段時間口袋飽飽，另一段時間則是經濟困窘。那麼，他們在實驗當中的表現如何？在相對貧窮的時間裡，他們在認知測驗當中得到的成績遠遠比較差，但不是因為他們突然變得比較笨——畢竟，他們仍是同一群印度蔗農——而是單純因為他們的心智頻寬出現壅塞的情形。

國內心智頻寬毛額

「對抗貧窮具有我們在此之前都沒有意識到的巨大效益，」夏菲爾指出。實際上，他認為我們除了衡量國內生產毛額之外，或許也該開始評估國內心智頻寬毛額。心智頻寬越大，表示養育子女的表現越好、健康情形越好，員工的生產力也越高——效益不可勝數。「對抗匱乏甚至可能降低成本，」夏菲爾預測指出。

大煙山南側的狀況正是如此。洛杉磯大學經濟學家艾奇（Randall Akee）計算發現，發放給切羅基人兒童的賭場現金，終究造成了**降低**支出的成果。根據他的保守估計，消除貧窮之後，藉由犯罪現象、照護機構的使用以及留級情形的減少而產生的金錢效益，其實比賭場發放的總金額還高。[11]

接下來，把這些效果推展到整個社會。英國一項研究發現，英格蘭的兒童貧窮現象所造成的成本，一年超過兩百九十億英鎊（四百四十億美元）。[12]研究者指出，消除貧窮的政策「產生的效益大致上可以彌補其支出」。[13]

在每五個兒童就有超過一人成長於貧窮當中的美國，無數的研究都已證明反貧窮措施其實具有削減成本的效果。[14]加州大學教授葛雷格．鄧肯（Greg Duncan）計算指出，讓一個美國家庭脫離貧窮，一年平均需要花費四千五百美元——比切羅基賭場發放的金額還少。而這麼一項投資最後在每一名兒童身上產生的報酬將會是：

- 工作時數增加百分之十二．五。
- 每年福利支出節省三千美元。
- 終生收入增加五至十萬美元。
- 州稅收入增加一至兩萬美元。

鄧肯教授得到的結論指出，對抗貧窮的措施「等到貧窮的兒童進入中年之時，即可回收先前的支出」。[15]

毋庸諱言，要因應這麼大的問題自然需要一項龐大的方案。二〇一三年的一項研究估計指出，美國的兒童貧窮現象所導致的成本高達每年五千億美元。成長於貧窮當中的兒童，教育程度比成長於富裕家庭的兒童少了兩年，每年工作時數少了四百五十個小時，健康情形不佳的風險也高出兩倍。研究者指出，投資於教育其實幫助不了這些兒童。[16]他們必須先攀升到貧窮線以上。

近來針對兩百零一項探究財務教育有效性的研究進行的後設分析，也得出了類似的結論：這類教育造成的差異近乎零。[17]這不是說沒有人會從中學到任何東西——窮人當然有可能因此獲得有用的知識，但這樣是不夠的。「這就像是教人游泳，然後立刻把他們丟進狂風大浪的海裡，」夏菲爾教授感嘆道。

教育當然不是完全沒用，但在一個人的心智頻寬早已陷入福利國家的官僚泥淖的情況下，教育對於那個人如何管理自己的心智頻寬自然幫不了多大的忙。你也許認為那一切的規則與文書工作能夠讓不是真正有需要的人打消申請補助的念頭。不過，實際上卻是恰恰相反：心智頻寬早已負擔過重而且最有需要的窮人，才是最不會向山姆大叔求助的人。

因此，一大堆的方案都幾乎完全沒有受到其瞄準對象的赤貧人士所使用。「有些獎學金只受到合格人士當中的百分之三十提出申請，」夏菲爾說：「儘管許許多多的研究都顯示這類達數千美元的獎學金能夠造成極大的改變。」經濟學家看著這些獎學金，心裡想著：既然申請獎學金是合乎理智的行為，窮苦學生自然會提出申請。不過，實際上卻不是這樣。獎學金的果實遠遠掉落在匱乏心態造成的狹隘視野之外。

無償提供的金錢

那麼，我們可以怎麼做呢？

夏菲爾與穆蘭納珊提出了幾項可能的解決方案：例如幫助有需要的學生處理那些財務補助的文書工作，或是提供會定時亮燈以提醒人服藥的藥盒。這類解決方案稱為「推促」。推促深受我們現代這個豐饒之地的政治人物喜愛，主要是因為這種做法幾乎不花成本。

但老實說，推促能夠造成多大的改變？推促具體代表了一個政治主要只聚焦於因應症狀的時代。推促也許可讓貧窮變得稍微比較能忍受，可是你一旦把眼光放大，就會發現這種做法根本什麼問題都沒有解決。回到先前那個電腦的比喻，我問了夏菲爾：如果可以藉著安裝額外的記憶體而解決問題，又何必執著於調校軟體？

夏菲爾一臉不解地看著我。「哦！你是說單純發放更多的錢？那樣當然很好，」他笑著說：「可是在明顯可見的限制之下……你們在阿姆斯特丹擁有的這種左派政治，在美國根本就不存在。」

不過，單靠錢本身是不夠的；重點也在於分配。「匱乏是一種相對的概念，」夏菲爾說：「匱乏可以是因為缺乏收入，但也同樣可以是因為期望過高。」這是個簡單的現實狀況：你如果想要擁有更多的金錢、時間、朋友或者食物，就越有可能感到匱乏。此外，你想要的東西有相當程度也取決於你身旁的人所擁有的東西。如同夏菲爾說的：「西方世界越來越嚴重的不平等現象是這方面的一大障礙。」如果有許多人都買了最新的智慧型手機，那麼你就也會想要一支。只要不平等的現象繼續惡化，國內心智頻寬毛額就會繼續縮減。

不平等的詛咒

可是金錢應當是獲得健康快樂人生的關鍵，不是嗎？

沒錯。不過，就國家層面而言，這項關鍵的效果其實有限。在人均國內生產毛額攀升至一年五千美元左右的過程中，預期壽命多多少少會自動增加。[18] 可是桌上一旦有了足夠的食物，頭頂上有了不會漏水的屋頂，而且也有乾淨的水可以喝之後，經濟成長就不再是福利的保證。在此之後，平等就成了準確許多的預測指標。

以圖表四為例。Y軸顯示社會問題的指數，X軸則是國家的人均國內生產毛額。事實證明，這兩項變數完全沒有相關性。不只如此，世界最富裕的強權（美國）和一個人均國內生產毛額不及其一半的國家（葡萄牙），還同樣具有最高的社會問題發生率。

「經濟成長在已開發國家改善物質條件的效果已經達到了極致，」英國研究者威爾金森（Richard Wilkinson）得到的結論指出：「隨著你對任何一件事物得到的數量越來越多，每增加一份……對你的福祉所造成的貢獻也就越來越少。」[19] 不過，我們如果把X軸的所

圖表四

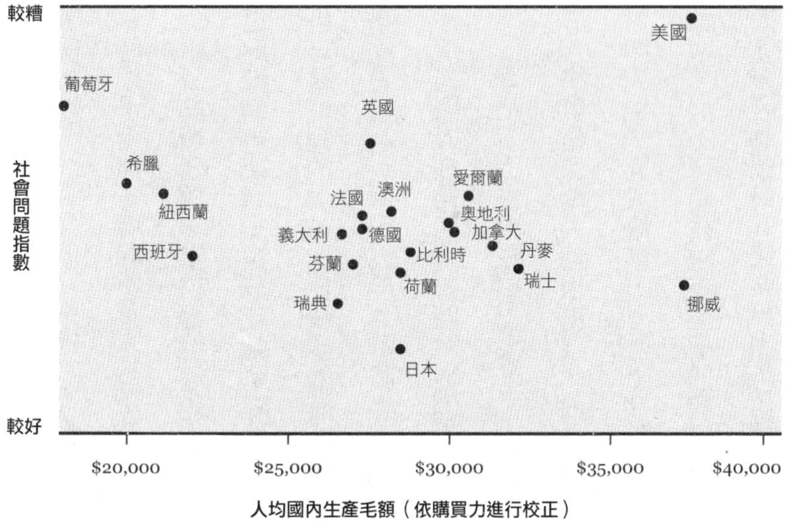

社會問題指數（表內的Y軸）包括預期壽命、識字率、兒童死亡率、凶殺率、囚犯人數、未成年懷孕、憂鬱症、社會信任、過胖、吸毒與酗酒，以及社會流動與社會不流動。

資料來源：Wilkinson and Pickett

得改成所得不平等，這張表就隨即出現了巨大改變。其中呈現的圖像突然變得清楚明白，美國與葡萄牙共同聚集在右上角。

不論你檢視的對象是憂鬱、倦怠、吸毒、高輟學率、過胖、不快樂的童年、低投票率還是社會與政治不信任，證據都一樣指向同一個罪魁禍首：不平等。

可是等一下，現在既然連最貧困的人都比幾百年前的國王過得更好，那麼有些人富得流油又有什麼關係？

關係可大了。因為重點就在於**相對**貧窮。一個國家不論多麼富有，都避免不了不平等的問題。在當今的富裕國家裡過著貧窮的生活，和幾百年前的貧窮完全不是同一回事，當時幾乎全球各地的所有人都是貧民。

以霸凌為例。富裕程度落差大的國家，也比較常出現霸凌行為，原因是地位的落差也比較大。或者，採取威爾金森的說法，這種情形造成的「心理後果」，導致生活在不平等社會裡的人會把比較多的時間投注於煩惱別人怎麼看待他們。這種現象會減損人際關係的品質（例如表現為對陌生人的不信任以及地位焦慮）。由此帶來的壓力，也是造成疾病與慢性健康問題的一大因素。

好吧——可是我們不是應該比較關注機會平等而不是財富平等嗎？

事實是這兩者都很重要，而且這兩種類型的不平等密不可分。只要看看全球排名即可明白這一點（圖表五）：不平等一旦增加，社會流動性就降低。老實說，在全球各國當中，最不可能實現美國夢的國家就是美國。如果有人想要白手起家，最好到瑞典去碰運氣，因為瑞典人民就算出生在貧窮當中，也還是能夠對光明的未來懷有希望。[21]

圖表五

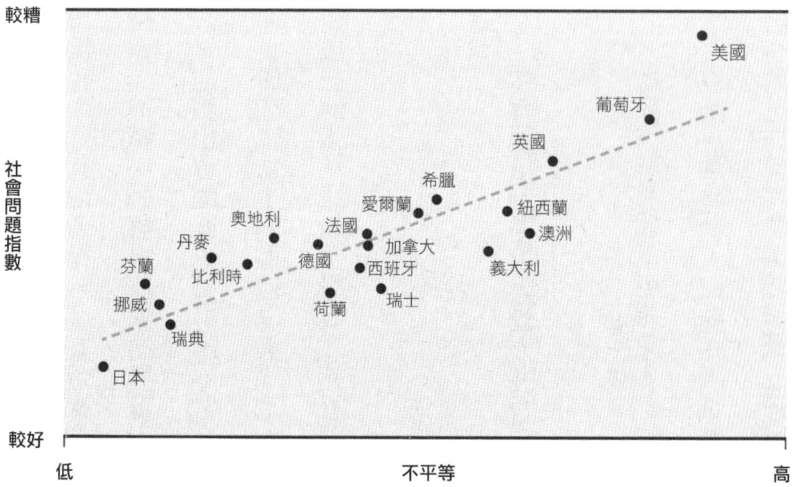

不平等（表內的 X 軸）代表任何一個國家裡最富與最窮的百分之二十人口之間的落差。

資料來源：Wilkinson and Pickett

可別誤會我的意思——不平等並非苦難的唯一來源。這是一項結構性的因素，和許多社會問題的演變有關，也和其他許多因素密不可分。況且，就實際上而言，社會也必須要有一定程度的不平等才能運作。我們仍然必須要有一些促使人工作、努力以及追求卓越的誘因，而金錢正是一種非常有效的激勵要素。沒有人會想要生活在一個補鞋匠與醫生收入相同的社會裡。或者，應該說生活在那種地方的人絕對不會想要生病。

儘管如此，在今天幾乎所有的已開發國家裡，不平等的現象都遠遠超越了合理的可欲程度。國際貨幣基金在近來發表了一份報告，指出過多的不平等甚至會阻礙經濟成長。[22]不過，最值得注意的發現也許是，不平等現象一旦太嚴重，連富人也不免深受其害。他們也會因此更容易陷入憂鬱、懷疑，以及其他種種社交障礙。[23]研究了二十四個已開發國家的兩名首要科學家指出：「所得不平等會導致所有人都對自己的生活比較不滿意，就算我們相對富裕也是一樣。」[24]

在貧窮仍屬正常現象的時代

這種情形並非不可避免。

沒錯，拿撒勒人耶穌在兩千年前說窮人永遠都會在我們左右。[25]不過，那時候幾乎所有的工作都在農業領域裡。當時純粹是因經濟生產力不足以讓所有人享受舒適的生活。

於是，遲至十八世紀，貧窮都一直是無可改變的事實。「窮人就像繪畫裡的陰影，能夠提供必要的對比，」法國醫生赫凱（Philippe Hecquet，一六六一—一七三七）寫道。英國作家楊格（Arthur Young，一七四一—一八二〇）則是指出：「除了白痴以外，所有人都知道必須讓下層階級保持貧窮，否則他們絕不可能勤奮工作。」[26]

史學家把這種想法稱為「重商主義」——亦即認為一個人的損失是另一個人的得益。早期現代的經濟學家認為國家唯有犧牲其他國家的利益才能獲得繁榮；一切的關鍵就在於保持高出口量。在拿破崙戰爭期間，這種思考導致了不少荒謬的狀況。舉例而言，英格蘭非常樂於對法國輸出糧食，但是卻禁止黃金出口，原因是英國政治人物認定，缺乏金條對敵人造成的打擊會比飢荒更大。

你如果向一名重商主義者尋求忠告，那麼他提出的首要建議一定會是降低工資——越低越好。價格低廉的勞動力能夠強化你的競爭優勢，從而提振出口。著名的經濟學家曼德維爾（Bernard de Mandeville，一六七〇—一七三三）曾說：「明顯可見，在不許蓄奴的自由國家裡，最確切無疑的財富來自於一大群勤勞的窮人。」[27]

曼德維爾的話大錯特錯。現在，我們已知道財富會帶來更多財富，不論你所談論的是人還是國家。亨利・福特（Henry Ford）懂得這一點，所以他才會在一九一四年為員工大幅加薪；要不然他們怎麼可能買得起他的車？「貧窮是人類快樂的一大敵人；貧窮會摧毀自由，也會導致有些美德無法實踐，其他美德則是極度困難，」英國散文家約翰遜（Samuel Johnson）在一七八二年表示。[28]不同於他那個時代的許多人，他明白貧窮不是人格缺陷，而是現金的缺乏。

棲身之所

猶他州無家可歸防治小組（Homeless Task Force）主任彭德爾頓（Lloyd Pendleton）在二〇〇〇年代初期靈光乍現。該州的遊民人數呈現失控狀態，有數以千計的人睡在橋下、公園裡以及城市街道上。警方與社服機構忙得焦頭爛額，彭德爾頓也對這種狀況忍無可忍。不過，他心中有個計畫。

二〇〇五年，猶他州對遊民發動抗戰，但不是像常見的情形那樣以電擊槍與噴霧器驅趕遊民，而是瞄準問題的根源。目標是消除全州的遊民，策略則是為他們提供免費公寓。彭德爾頓先從他找得到的十七名處境最悽慘的街友著手。兩年後，在他們都有了地方可住之後，他接著逐漸擴張這項方案。犯罪記錄、無可救藥的毒癮、高築的債務——這一切都不重要。在猶他州，擁有棲身之所成了基本人權。

這項方案大獲成功。在隔鄰的懷俄明州眼睜睜看著街友人數飆增百分之兩百一十三的同時，猶他州的長期遊民卻減少了百分之七十四。而且，這一切竟然是發生在一個極端保守的州裡。茶黨在猶他州長年以來擁有許多支持者，彭德爾頓也算不上是左派。「我成長於牧場上，從小就學到必須努力工作，」他回憶道：「我以前都會叫遊民去找工作，因為我認為這是他們唯一需要的東西。」[29]

這名前行政主管後來因為在一場研討會上聽到完整的財務解析而改變了想法。事實證明贈送免費住宅對於州預算乃是一大利多。州經濟學家計算發現，一名睡在街頭上的遊民對政府造成的成本是一年一萬六千六百七十美元（包括社服機構、警力、法院等等的支出）。相較之下，一間公寓加上職業諮商只需花費政府一萬一千美元。[30]

數字清楚明白。現在，猶他州已即將完全消除長期遊民，成為美國第一個成功解決此一問題的州。而且，還因此節省了一大筆錢。

一項值得推行的運動如何落敗

如同貧窮，解決遊民問題也勝過單純加以管理。[31]「安居優先」的原則——套用這項策略的名稱——已經傳遍全球各地。在二〇〇五年那時候，你如果到阿姆斯特丹或鹿特丹市區，絕對不可能不看到露宿街頭的人。遊民窩在火車站附近尤其是一大問題，而且代價非常昂貴。因此，隨著彭德爾頓在猶他州推行他的計畫，荷蘭各大城市的社工、政府官員與政治人物也聚在一起思考，如何處理荷蘭這個問題。他們擬定了一項行動計畫。

預算：兩億一千七百萬美元。

目標：消除街頭上的遊民。

地點：先推行於阿姆斯特丹、鹿特丹、海牙與烏特勒支，然後再擴展到全國。

策略：為所有遊民提供諮商以及——可想而知——免費住宅。

時間：二〇〇六年二月至二〇一四年二月。

這項計畫大獲成功。才過了幾年，這些大城市的遊民問題就已減少百分之六十五，吸毒現象也減少了一半。受益者的心理與生理健康都大幅改善，公園的長凳也終於清空。到了二〇〇八年十月一日，這項計畫已使得將近六千五百名無家可歸的遊民離開街頭。[32] 除此之外，這項計畫為社會帶來的財務報酬還比原本的投資高了一倍。[33]

接著發生了金融危機。不久之後，預算開始遭到削減，失去住宅的人也越來越多。二〇一三年十二月，就在這項行動計畫預定的結束時間前三個月，荷蘭中央統計局發布了一份慘淡的新聞稿。全國遊民人數達到破記錄的新高。這時候，荷蘭各大城市的遊民比該項計畫推出之前還多，[34]而這個問題也導致了高昂的支出。

因此造成的支出到底有多高？二〇一一年，荷蘭衛生部委託一項研究以找出答案。研究結果的報告把這些支出比較於救濟遊民的措施（包括免費住房、補助方案、免費海洛因，以及預防服務），最後的結論認定對遊民進行投資能夠帶來最高的投資報酬。在荷蘭，投注於對抗以及預防遊民問題的每一歐元，都會因為節省社服資源、警力與法院成本而帶來兩倍或三倍的報酬。[35]

「救濟比露宿街頭來得好，而且成本也比較低廉，」研究人員在結論裡指出。此外，他們的研究只檢視了政府因此節省的成本，但消除遊民問題當然也會對城市的商家與居民有益。

簡言之，救濟遊民是一項四贏政策。

一個良好的教訓

政治人物對於許多問題都可以有針鋒相對的不同意見，但遊民問題不該是其中之一。這是一個可以解決的問題。不僅如此，解決這個問題還能夠節省資金。你如果貧窮，你面對的主要問題就是沒有錢。你如果無家可歸，那麼你面對的主要問題就是沒有棲身之所。談到這一點，歐洲的空屋數是遊民人數的兩倍。[36] 在美國，空屋與遊民的數量則是五比一。[37]

可嘆的是，與其治療這項疾病，我們卻一再選擇對抗症狀，在警察四處追逐遊民、醫生治療街友之後，又把他們趕回街頭，並且由社工人員以ＯＫ繃式的方法處理這個化膿潰爛的問題。在猶他州，一名前行政主管證明了我們可以有不同的做法。彭德爾頓已經把他的心力轉向於說服懷俄明州跟著推行遊民安居計畫。「這些人是我的兄弟姐妹，」他在懷俄明州卡斯帕爾（Casper）的一場會議上表示：「他們如果受苦，我們整個社群也會跟著一起受苦。我們所有人都是互相連結的。」[38]

這道訊息如果不足以激發你的道德感，那麼就想想其中的金錢效益吧。因為不論你談論的是荷蘭的街友、印度的蔗農，還是切羅基人的兒童，對抗貧窮都不僅能夠安撫我們的良心，也對我們的荷包有益。如同科斯特洛語帶幽默地指出的：「這對社會而言是一項非常有價值的教訓。」[39]

不能記取過去教訓的人，就注定得重蹈覆轍。

——喬治・桑塔亞納（George Santayana，一八六三—一九五二）

4 尼克森錯失的歷史機會

歷史這門學問無法為日常生活端出簡短方便的教訓。當然，省思過去有助於我們以適切的眼光看待自己面臨的試煉與苦難，不論是龍頭漏水還是國家債務。畢竟，過去的一切幾乎都比現在更糟。不過，由於當今世界變遷的速度遠比以往都快，過去也就顯得離我們越來越遠。我們與那個陌生世界之間的鴻溝越來越大——而且我們已經幾乎無法理解那個世界。「過去是個異國，」一名小說家曾經這麼寫道：「那裡的人行事方法與我們不同。」[1]

儘管如此，我認為史學家對於我們當前的問題還是能夠提供除了觀點以外的幫助。我們稱為過去的那個異國也能夠讓我們的視野擴展至既有的現況以外，而看到可能的未來。我們既然能夠在一九七〇年代看見無條件基本收入的實際起落過程，又何必自行編造理論呢？

不論我們是在找尋新夢想還是重新發現舊夢想，都必須回顧過去才能向前進。唯有在過去當中，抽象才會成為具體，我們也才能看出自己已經生活在豐饒之地。過去為我們提供了一項簡單但重要的教訓：**世事可以有所不同**。我們的世界在當前的組織方式，並不是某種公理演化的必然結果。我們目前的現狀同樣也有可能是歷史上那些細微但至關緊要的轉折所造成的偶然後果。

史學家不相信進步或經濟學那種不容變通的規則；支配這個世界的不是抽象力量，而是自行規劃前進路線的人。因此，過去不只能夠讓我們以適切的觀點看待事物，也能夠激發我們的想像力。

史賓漢蘭的陰影

如果說歷史上有一則故事可以證明世事能夠有所不同，而且貧窮不是必要之惡，那麼必然是英國史賓漢蘭（Speenhamland）的故事。

當時是一九六九年夏天，正值那個為我們帶來了花的力量與胡士托（Woodstock）音樂節、搖滾樂與越戰、金恩（Martin Luther King）博士和女性主義的六〇年代的結尾。那是個任何事情看起來都有可能的時代，甚至連一位保守派總統強化福利國家制度也不是無法想像的事情。

理查．尼克森不是最有可能會追求摩爾那個古老烏托邦夢想的人物，但歷史有時候就是有種古怪的幽默感。這個在一九七四年因為水門案醜聞而被迫辭職的總統，卻在一九六九年差點為所有貧窮家庭實施了無條件收入政策。這項政策原本會是在反貧窮之戰當中邁進的一個巨大步伐，為四口之家提供一年一千六百美元的保證收入，相當於二〇一六年的一萬美元。

某個人開始意識到這一切發展的最終目標——就是一個把金錢視為基本人權的未來。總統顧問馬丁．安德森（Martin Anderson）激烈反對這項計畫。他非常仰慕艾茵．蘭德（Ayn Rand）這位把烏托邦建構在自由市場上的作家，而且基本收入的概念也違反了他秉持的小政府與個人責任等理念。

於是，他決定先發制人。

在尼克森打算公開計畫的那一天，安德森遞給了他一份簡報。這份六頁的文件是針對一百五十年前發生在英格蘭的一個事件所提出的案例報告，結果這份簡報在接下來的幾週產生了不可思議的效果：徹底改變了尼克森的心意，並且因此改變了歷史的進程。

那份報告的標題是〈一套「家庭保障制度」的簡史〉（A Short History of a "Family Security System"），內容幾乎完全摘引自波蘭尼（Karl Polanyi）一九四四年的經典著作《巨變》（*The Great Transformation*）。波蘭尼在書中第七章描述了世界最早的一套福利制度，稱為史賓漢蘭制度，實施於十九世紀初的英格蘭。這套制度看起來與基本收入極為近似。

波蘭尼對這套制度的評價糟糕至極。這套制度不僅鼓動窮人更加懶惰，導致他們的生產力與工資進一步降低，而且還對資本主義的基礎造成威脅。「這套制度提出了足以和『生存權』相提並論的社會與經濟創新，」波蘭尼寫道：「而且在一八三四年受到廢止之前，也有效遏止了競爭性勞動市場的建立。」最後，史賓漢蘭制度導致了「大眾的貧窮化」，波蘭尼指稱他們「幾乎喪失了人類樣貌」。他指出，基本收入不是帶來了收入的樓地板，而是天花板。

在提供給尼克森的那份簡報當中，一開頭就引用了西裔美籍作家桑塔亞納的這句話：「不能記取過去教訓的人，就注定得重蹈覆轍。」[2]

總統深感震驚。他召集了核心顧問，命令他們查清楚在一百五十年前發生於英格蘭的那件事情。他們向他提出了西雅圖與丹佛的試行方案所得到的初步發現，其中顯示受益民眾明顯沒有減少工作。他們接著指出，史賓漢蘭制度其實比較近似於尼克森所承繼的那種社會支出亂象，而那種做法實際上會把人困在貧窮的惡性循環裡。

後來選上參議員的社會學家莫尼漢（Daniel Moynihan）以及經濟學家傅利曼是尼克森的兩名首要顧問，他們主張收入權早已存在，儘管「這種合法權利遭到了社會的污名化」。[3] 傅利曼指出，貧窮純粹表示一個人欠缺現金，就只是如此而已。

然而，史賓漢蘭制度投下的陰影卻遠遠延伸到一九六九年夏季之後。尼克森改變方針，採取了新的論調。他的基本收入計畫原本幾乎沒有附加強迫人民工作的條件，現在他卻開始強調有酬工作的重要性。此外，詹森總統任內之所以會展開基本收入的辯論，原因是專家指出失業已成了普遍性的問題；但現在尼克森卻是把失業稱為一種「選擇」。他譴責大政府的興起，儘管他的計畫將會額外對一千三百萬名左右的美國民眾發放現金補助（其中百分之九十都是窮忙族）。

「尼克森向美國民眾提議了一種新式的社會供給，」史學家史廷斯蘭（Brian Steensland）寫道：「但他沒有為他們提供理解這種做法的新式概念架構。」[4]的確，尼克森把他的進步觀念完全包裝在保守言論裡。

我們大可問道，這位總統到底在幹什麼？

有一件簡短的軼事能夠解釋他的行為。在那一年的八月七日，尼克森對莫尼漢說，他正在看英國首相迪斯雷利（Benjamin Disraeli）與政治家倫道夫．邱吉爾（Randolph Churchill；溫斯頓．邱吉爾的父親）勳爵的傳記。他指出：「托利黨（Tory）人與自由派政策才是改變世界的力量。」[5]尼克森想要創造歷史。他認為自己獲得了一個罕見的歷史性機會，能夠拋棄舊制度，拯救數以百萬計的窮忙族，並且在反貧窮之戰當中贏得決定性的勝利。簡言之，尼克森認為基本收入是保守與進步政治的終極結合。

他唯一必須做的事情，就是說服眾議院與參議院。為了安撫他的共和黨同志並且消弭對於史賓漢蘭前例的憂慮，尼克森決定為他的法案額外添加一項但書。沒有工作的基本收入受益者必須向勞動部登記。白宮裡沒有人認為這項附加條件會有多少效果。「我才不在乎什麼工作要求，」尼克森在私底下表示：「不過這就是要領到一千六百美元的代價。」[6]

第二天，總統在一場電視轉播談話中提出了他的法案。如果必須把「社會福利」包裝成「工作福利」才能讓基本收入通過國會審查，那就這樣吧。尼克森沒有預見的是，他強調在窮人與失業者當中對抗懶惰的言論，終究卻導致全國對基本收入與福利國家產生反對。[7]這位夢想自己能夠以進步領袖之名留名青史的保守派總統，錯失了一個獨特的機會，沒能推翻一種植根於十九世紀英格蘭的刻板形象：也就是好吃懶做的窮人這項迷思。

要破除這個刻板印象，我們必須問一個簡單的歷史問題：史賓漢蘭究竟是怎麼一回事？

歷史的弔詭

且讓我們倒帶到一七九五年。

法國大革命的震波對於歐洲大陸的撼動已經持續了六年。在英格蘭，社會不滿也已經達到了沸點。才兩年前，一個名叫拿破崙的年輕將軍在法國南部的土倫港（Toulon）之役大破英軍。如果這件事情還不夠糟，那麼這個國家又遭遇了另一個荒年，而且也沒有能夠從歐陸進口穀物的希望。隨著穀物價格持續上漲，革命的威脅也越來越逼近英國海岸。

在英格蘭南部的一個區域，有許多人開始意識到壓迫與宣傳已不足以遏止不滿的浪潮。一七九五年五月六日，史賓漢蘭的行政官員聚集於史賓（Speen）的村莊酒館，同意對濟貧措施從事激進改革。說得精確一點，政府將補助「所有貧窮而勤奮的男子及其家人」所賺取的收入，使其得以達到最低生活水準，費率將以麵包價格為準，並依家庭人口數發放。[8]家庭的成員越多，可以領到的金額越高。

這不是世界上第一項公共救濟方案，甚至在英格蘭也不是。在伊莉莎白一世在位期間（一五五八－一六〇三），濟貧法就推出了兩種形式的救濟——一種的對象是值得獲取救助的窮人（包括老人、兒童以及殘障人士），另一種的對象是必須被迫工作的人。第一類的窮人都收容於濟貧院，第二類的窮人則是被拍賣給地主，再由地方政府補助其工資達到議定的最低工資。史賓漢蘭制度消除了此一區別，就像尼克森在一百五十年後有志採行的做法。自此之後，窮人單純就是窮人，而所有貧窮的人都有權獲得救濟。

這套制度隨即受到英格蘭南部各地的仿效。英國首相小威廉·皮特（William Pitt the Younger）甚至還曾經試圖把這套制度提升為全國性的法律。這套制度看起來顯然是一大成功：飢餓與困苦因此減少，而且更重要的是，動亂也因此消弭於無形。不過，在同一個時期，也有些人對於救助窮人的做法是否明智提出質疑。一七八六年，在史賓漢蘭制度推出的將近十年前，教區牧師湯森德（Joseph Townsend）就在他寫的《濟貧法研究》（*Dissertation on the Poor Laws*）當中提出警告：「只有飢餓能夠驅使他們勞動，但我們的法律卻說：他們絕不該挨餓。」另一個名叫馬爾薩斯（Thomas Malthus）的牧師，也進一步闡述了湯森德的觀念。一七九八年夏，就在工業革命前夕，他描述了進步道路上「在我看來難以克服的重大障礙」。他的前提有兩個層面：（一）人類需要糧食才能生存；（二）兩性之間的激情不可能消滅。

他的結論是什麼？人口成長絕對會超過糧食產量。虔誠的馬爾薩斯認為，禁欲是唯一能夠避免末日四騎士降臨世界，散播戰爭、飢荒、疾病與死亡的方法。實際上，馬爾薩斯認定英格蘭已處於災難邊緣，而且是有如在一三四九至五三年間消滅了英格蘭半數人口的黑死病（瘟疫）那麼可怕的災難。[9]

無論如何，窮人救濟措施的後果必定會極為悲慘。史賓漢蘭制度只會鼓勵人民盡快結婚並且生育盡可能多的子女。馬爾薩斯的好友經濟學家李嘉圖（David Ricardo）認為，基本收入也會引誘人減少工作，導致糧食產量更加下滑，從而在英格蘭的土地上搧起法國大革命式的動亂火焰。[10]

一八三〇年夏末，他預測的暴動確實爆發。全國各地數以千計的農業勞工高喊著：「不給麵包就濺血！」不僅摧毀了地主的收割機，還要求足以維持基本生活的工資。政府當局強力鎮壓，逮捕、監禁以及流放了兩千名暴動人士，並且對其他人判處死刑。

在倫敦，政府官員意識到他們必須採取行動，於是針對農業工作條件、鄉下貧窮狀況以及史賓漢蘭制度本身發動一場全國調查。在一八三二年春季展開了截至當時為止規模最大的政府調查活動，由調查人員進行數以百計的訪談以及蒐集大量的資料，最後彙編成一份長達一萬三千頁的報告。不過，其中的結論可以用一句話概括：史賓漢蘭制度是一場災難。

負責執行這項皇家委員會調查的人員怪罪基本收入造成人口爆炸、工資下滑以及悖德行為增加……結果導致英格蘭勞動階級的徹底墮落。幸運的是，根據他們所寫，基本收入一旦受到廢止之後，立刻就出現了以下的發展：

一、窮人再度恢復勤奮。
二、他們養成了「節儉的習慣」。
三、「他們的勞動所受到的需求」增加。
四、他們的工資「整體而言出現上升」。
五、他們不再步入那麼多「莽撞而悲慘的婚姻」。
六、他們的「道德與社會處境在各個面向上都有所改善」。11

這份皇家委員會報告受到廣泛流傳與認可，長久以來都被視為新興的社會科學當中的一項權威文獻，是有史以來第一次由政府全面蒐集資料做為一項複雜決定的根據。就連馬克思在三十年後的巨著《資本論》（*Das Kapital*，一八六七）當中，也利用這份報告做為他譴責史賓漢蘭制度的基礎。他說，濟貧措施是雇主的伎倆，藉著把責任推給地方政府而盡可能壓低工資。馬克思和他的朋友恩格斯一樣，也認為舊濟貧法是封建過往的殘跡。要讓普羅大眾掙脫貧窮的鐐銬，需要的是革命，而不是基本收入。

史賓漢蘭制度的批評者獲得了崇高的權威，從左派到右派的所有人都把這套制度貶抑為歷史上的一項失敗。直到二十世紀，許多著名思想家也都一樣譴責這套制度，包括邊沁（Jeremy Bentham）、托克維爾（Alexis de Tocqueville）、彌爾、海耶克，尤其是波蘭尼。[12]史賓漢蘭制度成了政府方案用意良善卻招致災難的典型案例。

一百五十年後

不過，這並非事情的全貌。

在一九六〇與七〇年代，史學家回頭檢視了史賓漢蘭制度的皇家委員會報告，結果發現其中大部分的內容都是在還沒有收集到任何資料之前就已經寫成。在他們發放的問卷當中，只有百分之十受到填寫。此外，問卷裡的問題都帶有誘導性，所有的答案選項都受到了事先操弄。而且，受訪對象幾乎全都不是實際上的受益人。報告中所謂的證據主要都來自地方菁英，尤其是神職人員，而他們的普遍觀點就是認為窮人變得越來越邪惡，也越來越懶惰。

大部分內容都是造假而來的皇家委員會報告，為一項嚴苛的新濟貧法提供了基礎。甚至有人說該委員會的秘書查德威克（Edwin Chadwick）在調查展開之前，「腦子裡就已經有了那項法案」，但他頗為精明，懂得先取得一些支持證據。此外，查德威克也擁有「令人欽佩的能力」，善於誘導目擊者說出他想聽的話，猶如「一名法國大廚，就算用一雙鞋也能做出一道美味的法式雜燴」——一名委員會成員表示。[13]

兩名現代的研究者指出，調查人員幾乎完全沒有花費心力分析資料，不過他們倒是採用了「一套繁複的附錄架構，藉此為他們的『發現』增添分量」。[14]他們的做法與一九六〇及七〇年代期間在加拿大與美國從事的那些嚴謹實驗（見第二章），可說是天差地別。那些實驗一絲不苟又深具開創性，卻幾乎沒有任何影響力，但皇家委員會報告雖是奠基於偽科學上，卻反而在一百五十年後還得以改變尼克森總統的行事方針。

較為晚近的研究揭露了史賓漢蘭制度其實非常成功。馬爾薩斯對於人口爆炸的想法並不正確，因為那種想法主要可以歸因於對童工需求的成長。在那個時候，兒童就像是會走路的存錢筒，他們的收入等同於父母的退休金。即便到了現在，人們只要一旦擺脫了貧窮，生育率就會開始下降，人也會開始找尋其他方式投資自己的未來。[15]

李嘉圖的分析一樣具有缺陷。史賓漢蘭制度裡沒有貧窮陷阱，擁有工作收入的人就算收入增加，也還是可以保有他們的津貼——至少可以保有一部分。[16]因此，基本收入沒有導致貧窮，只是採用這種制度的區域正是貧困現象早已最為嚴重的地區。[17]此外，引發鄉間地區動亂的原因，其實是一八一九年回歸戰前金本位制的決定。順帶一提，這項決定正是出自李嘉圖的建議。[18]

馬克思與恩格斯也受到了誤導。在地主爭相競逐優質勞動力的情況下，工資不可能隨意降低。不僅如此，現代的歷史研究也揭露史賓漢蘭制度的實施範圍，其實比原本以為的有限得多。沒有施行這套制度的村莊，在金本位制、北方工業的興起以及脫穀機的發明之下，也面對了相同的艱苦遭遇。能夠把麥粒與麥糠分離的脫穀機，一舉消滅了數以千計的工作機會，因此導致工資下滑，拉高濟貧成本。

在此同時，農業產量卻一直穩定上升，在一七九〇至一八三〇年間增加了三分之一。[19]糧食比以往都還要豐足，但負擔得起糧食價格的英格蘭人口比例卻越來越低，不是因為他們懶惰，而是因為他們在與機器競爭的比賽當中敗下陣來。

一套令人髮指的制度

一八三四年，史賓漢蘭制度遭到徹底廢除。一八三〇年的暴動——如果不是因為那項基本收入措施，也許還會更早發生——注定了第一場現金移轉試驗的命運，導致窮人自己被歸咎為他們之所以貧窮的原因。英格蘭先前曾經把國民所得的百分之二投注於濟貧上，在一八三四年後則是下滑至只有百分之一。[20]

新的濟貧法推出了也許可以說是史上最令人髮指的「公共救助」。皇家委員會認定勞動濟貧所是對抗懶惰與敗德唯一有效的方法，於是強迫窮人從事毫無意義的奴隸勞動，包括碎石以及踩踏車。而且，窮人在這樣的待遇下還是只能挨餓。在安德沃（Andover）這座城鎮裡，囚犯甚至忍不住啃食他們應當磨碎當成肥料的骨頭。

一旦進入勞動濟貧所，夫妻就必須分開，子女也被帶離父母身邊，再也不得見面。女性被迫挨餓，藉此避免她們懷孕。狄更斯（Charles Dickens）因為描寫這個時期的窮人處境而聞名。「求求你，先生，我還要一點，」《孤雛淚》（*Oliver Twist*）裡的小奧立佛說。他和其他男童一起住在一間濟貧院裡，一天只能吃到三份稀粥，再加上一週兩顆洋蔥以及星期日的一小片麵包。勞動濟貧所不只對窮人毫無幫助，更因為窮人害怕被送進那種地方，所以雇主才得以把工資壓得那麼低。

另一方面，史賓漢蘭的迷思對於散播自我調節的自由市場這種觀念也扮演了關鍵性的角色。兩名當代史學家指出，這項迷思有助於「掩飾政治經濟這門新學問的第一項重大政策失敗」。[21]直到經濟大蕭條之後，世人才明白李嘉圖對於金本位制的執迷有多麼短視。事實終究證明了自我調節的完美市場只是個幻象。

相對之下，史賓漢蘭制度則是一種因應貧窮問題的有效手段。在一個變遷飛快的世界裡，這套制度提供了保障，「不但沒有對經濟造成抑制，可能還對經濟擴張有所貢獻，」後來的一項研究指出。[22] 劍橋大學史學家史雷特（Simon Szreter）甚至主張，抗貧立法對於英國崛起成為世界超級強權具有極大的幫助。他指出，舊濟貧法與史賓漢蘭制度藉著強化勞工的收入保障與流動性，而使得英國的農業效率高居世界第一。[23]

一項極其有害的迷思

政治人物不時都會遭人指責太不注重過往。但在這個案例當中，尼克森可能太注重過往了。即便在那份致命的報告發表至今過了一百五十年，史賓漢蘭迷思卻還是活躍不已。尼克森的法案未能通過參議院的審查之後，保守派思想家便開始猛烈抨擊福利國家，採用的正是當初一八三四年那種遭到誤導的論點。

吉爾德（George Gilder）在一九八一年出版的超級暢銷書《財富與貧窮》（*Wealth*

and Poverty）呼應了這些論點。他因為這部著作而成為最常受到雷根引述的作者，並且在書中把貧窮描述為一種根源於懶惰與惡習的道德問題。幾年後，這些論點又出現於保守派社會學家繆瑞（Charles Murray）深具影響力的著作《根基鬆動》（*Losing Ground*）裡，他在其中再度重複了史賓漢蘭迷思。[24]他寫道，政府資助只會減損窮人的性道德與工作倫理。

這就像是湯森德與馬爾薩斯的翻版。不過，正如一名史學家指出的：「只要在有窮人的地方，就也會有不是窮人的人推論著他們在文化上的低劣與功能失調。」[25]即便是尼克森的前顧問莫尼漢，也因為西雅圖試行方案在一開始被人誤以為造成離婚率飆升而不再信奉基本收入——但這項結論後來已受到推翻，證明是數學錯誤。[26]卡特（Jimmy Carter）總統也是如此，儘管他一度考慮過這個想法。

艾茵·蘭德的忠實追隨者馬丁·安德森嗅到了勝利的氣味。他在《紐約時報》上誇口指出，「激進福利改革是不可能實現的幻夢。」[27]撤銷舊福利國家的時機已經來臨，就像一八三四年的英國濟貧法一樣。一九九六年，民主黨總統柯林頓（Bill Clinton）終於終結了「我們所知的福利國家」。自從社會安全法在一九三五年通過以來，救助窮人的措施再度被視為一種恩惠，而不是基本人權。「個人責任」成了新的流行語。社會的完善化讓路給了個人的完善化，而這一點的體現即是撥款兩億五千萬美元為單親媽媽提供「貞節訓練」。[28]馬爾薩斯牧師想必會贊成這樣的做法。

莫尼漢是僅存的少數異議者之一——不是因為那種制度有多了不起，而是因為有比沒有好。[29]莫尼漢拋開先前的疑慮，預測指出福利國家如果進一步遭到挖空，兒童貧窮現象將會加劇。「他們應該感到羞恥，」他針對柯林頓政府說道：「他們將會愧對歷史。」[30]在此同時，美國的兒童貧窮現象又回升到了一九六四年的水準，也就是反貧窮之戰以及莫尼漢的職業生涯剛起步的那個時候。

歷史的教訓

然而，事情原本可以有所不同。

在普林斯頓大學，史學家史廷斯蘭仔細追溯了基本收入在美國的興起與沒落，並且強調指出，尼克森的計畫要是實施了，造成的影響將會極為巨大。公共救助方案將不再被視為只是迎合懶惰的投機者。如此一來，將不再會有所謂的「值得救助」與「不值得救助」的窮人。

這種植根於伊莉莎白時代的舊濟貧法的歷史區別，至今仍是追求沒有貧窮的世界所面臨的一項主要障礙。基本收入可以改變這一點，為所有人都提供一筆保證的最低收入。[31]美國這個全世界最富有的國家要是走上這條道路，其他國家必定也會跟進。

不過，歷史的發展卻不是這樣。過去一度用來支持基本收入的論點（舊制度缺乏效率、成本高昂又有損人性尊嚴），後來卻被用來反對整個福利國家制度。史賓漢蘭制度的陰影與尼克森的錯誤言論為雷根以及柯林頓的削減奠定了基礎。[32]

現在，為所有美國民眾提供基本收入的觀念已如史廷斯蘭所言，就像「女性投票權以及少數種族的平等權利」在過去那樣「無法想像」。[33]我們很難想像自己能夠拋棄這項信條：如果想要錢，就必須工作賺取。尼克森這個如此近代又那麼保守的總統竟然曾經試圖實施基本收入這件事，似乎已從我們的集體記憶當中消失了。

監控國家

二十世紀最傑出的一名作家指出：「你最先發現的是貧窮那種奇特的低賤情形。」歐威爾（George Orwell）確實知道，因為他親身經歷過貧窮。他在《巴黎倫敦落魄記》（*Down and Out in Paris and London*，一九三三）這本回憶錄裡寫道：「你以為貧窮很簡單，實際上卻是極度複雜。你以為貧窮很可怕，實際上卻只是骯髒而乏味。」

歐威爾記得自己曾經整天躺在床上，因為根本沒有任何事物值得他起床。他說，貧窮的癥結又在於「貧窮消滅了未來」。唯一剩下的就是在當下求生存。令他感到驚奇的另一點是，「你的收入一旦跌落到特定水準以下，別人就認為他們理所當然有權對你說教以及為你祈禱」。

他這些話在今天聽來仍然令人深感共鳴。近數十年來，我們的福利國家已變得越來越像是監控國家。藉著老大哥的策略，老大哥式的政府迫使我們成為老大哥式的社會。近來，已開發國家又更強力施行這種以失業者為對象的「積極促進」政策，做法包括應徵工作研討會、撿拾垃圾的短期工作、談話治療乃至領英（LinkedIn）訓練。就算每一份工作都有十個人應徵，失業問題也從來不會被歸因於需求，而是歸因於供給，也就是歸因在失業者身上，怪罪他們沒有培養自己的「受雇技能」，不然就是單純沒有盡力拿出最好的表現。

令人訝異的是，經濟學家向來都痛斥這種失業產業。[34]有些重返職場方案甚至拉長了失業時間，[35]而且指派個案工作者協助申請人找工作的成本也經常高於失業救濟金。以長期觀點來看，監控國家耗費的成本又更高。畢竟，花一個星期的時間參加毫無意義的研討會或是從事無腦雜務，只會讓人更沒有時間照顧子女、接受教育以及找尋真正的工作。[36]

想像一下：一名接受福利救濟而育有兩個小孩的母親，因為沒有充分培養工作技能而導致救濟金遭到削減。政府雖然節省了幾千美元，但她的子女卻因此在貧窮中長大、缺乏健康的飲食、在學校裡成績低落，而且長大後比較有可能出現違法行為。這些後果帶來的隱藏成本，遠比那幾千美元高出許多倍。

實際上，保守派對於舊保母國家的批評極為中肯。當前這種官僚的繁文縟節導致窮人被困在貧窮當中難以脫身。這種做法才是真正會**造成**依賴性。雇主期望員工展現長處，社福機關卻預期申請人展現弱點，一而再地證明自己的疾病確實導致身體極度衰弱，憂鬱症確實導致心情極度低落，而且自己受雇的機會也確實微乎其微。如果不這麼做，你的救濟金就會遭到削減。表格、面談、檢查、申訴、評估、諮商，然後又是更多的表格——每一道申請救助的程序都帶有其本身貶損尊嚴而且耗費成本的規定。「這種程序對隱私與自尊的踐踏是福利體系以外的人所無法想像的，」一名英國社工人員表示：「這種程序會造成一種有害的懷疑氣氛。」[37]

這不是反貧窮之戰，而是反窮人之戰。如果要把社會底層人口——包括像歐威爾這樣的天才——變成一群懶惰、沮喪甚至具有攻擊性的乞丐與寄生蟲，這絕對是最確切無疑的方法。他們接受的正是這樣的訓練。真要說我們這些資本主義者如果和以往的共產主義者有什麼共同點，那就是對於有酬工作的病態執迷。正如蘇聯時代的商店雇用「三名店員賣一塊肉」，我們也一樣會迫使救濟申請者從事毫無意義的雜務，就算這樣會導致我們破產也在所不惜。38

不論資本主義還是共產主義，重點終究在於毫無意義地將窮人區分為兩類，還有我們在四十年前差點就能夠破除的一項重大誤解——亦即認為不受貧窮所苦的人生是必須努力奮鬥才能得到的一種特權，而不是所有人都應當擁有的基本人權。

「國民生產毛額……衡量了一切……除了為人生賦予意義的事物以外。」

——羅伯特・甘迺迪（Robert F. Kennedy，一九二五—六八）

5 GDP這個名詞出現之前與之後

事情發生在下午兩點四十五分左右——地底下大約六英里深處出現了震動，強度為五十年來僅見。在六十英里外，地震儀發瘋似的作動起來，偵測出芮氏規模九的強震。不到半個小時，第一波巨浪就打上了日本沿岸，浪高達到二十、四十，甚至六十英尺。在幾個小時內，一百五十平方英里的土地已被埋在泥濘、殘骸與海水下。

將近兩萬人因此喪生。

「**日本經濟無量下跌**，」《衛報》（*Guardian*）的一個頭條標題在這場災難發生後不久宣告道。[1]幾個月後，世界銀行計算災害損失達兩千三百五十億美元，相當於希臘全國的國內生產毛額。二〇一一年三月十一日的仙台地震成了歷史上代價最高昂的災害。

但故事不是到這裡就結束了。美國經濟學家桑默斯

（Larry Summers）在地震當天於電視上指出，弔詭的是，這場悲劇將會有助於提振日本經濟。當然，生產在短期內不免減緩，但過了幾個月後，重建工作將會提振需求、就業與消費。

桑默斯的話確實沒錯。

日本經濟在二〇一一年稍微下挫之後，次年即成長百分之二，二〇一三年的數字又更好。日本經歷了一項恆久經濟定律的效果，這項定律指稱每一場災難都有好的一面——至少是對國內生產毛額而言。

經濟大蕭條也是如此。美國真正開始擺脫經濟大蕭條的危機，就是在加入了上個世紀最大的災難之後：也就是第二次世界大戰。還有一九五三年在我的祖國荷蘭導致將近兩千人喪生的水災也是一樣。災後重建為荷蘭經濟提供了絕佳的推動力。荷蘭的國家產業在一九五〇年代初期陷入衰退，結果西南部大部分地區遭到洪水淹沒的情形促使年成長率從百分之二攀升為百分之八。一名史學家總結指出：「我們靠著自己的力量爬出了泥淖。」[2]

你看得見的事物

既然如此，我們是不是應該歡迎氣候災害？摧毀整座鄰里？炸掉工廠？這麼做可以是解決失業問題的一個絕佳方法。

不過，先不要太興奮。不是所有人都同意這種想法。一八五〇年，哲學家巴斯夏（Frédéric Bastiat）寫了一篇文章，標題為「Ce qu'on voit et ce qu'on ne voit pas」，意思大概是「眼睛看得見與看不見的事物」。[3] 他說，從某個角度來看，打破一扇窗戶聽起來像是個好主意。「假設修復損壞需要六法郎。然後，想像這樣的過程能夠製造出六法郎的商業利益——我承認這種推論無可辯駁。玻璃工前來提供他的服務，然後開開心心地把六法郎放進口袋裡……」這是**我們看見的情形**。

不過，如同巴斯夏體認到的，這項理論並沒有把我們看不見的事物納入考量。再想像一下，司法部提出報告，指稱街頭活動增加了百分之十五。看到這項報告，你自然會想要知道是什麼樣的活動。鄰里烤肉活動還是公然裸體？街頭音樂家還是街頭搶劫？檸檬水攤販還是破損的窗戶？是什麼**性質**的活動？

這正是現代社會對於進步的神聖衡量方式——國內生產毛額——所沒有衡量的東西，也就是**我們看不見的事物**。

你看不見的事物

國內生產毛額，這到底是什麼東西？

你也許會說，很簡單，國內生產毛額就是一個國家生產的所有財貨與勞務的總和，針對季節變動、通貨膨脹，也許還有購買力而加以校正的結果。

面對這個答案，巴斯夏會說：你忽略了事情全貌當中的一大部分。社區服務、潔淨的空氣、酒吧提供的免費續杯——這些東西都不會對國內生產毛額造成任何貢獻。一名商業女強人如果嫁給她的清潔工，那麼她的先生一旦辭去工作而成為無薪的家庭主夫，國內生產毛額就會因此下跌。或者，以維基百科（Wikipedia）為例。由時間而不是金錢投資所支持的維基百科，遠遠勝過了老舊的《大英百科全書》（*Encyclopedia Britannica*），於是也因此導致國內生產毛額些微下挫。

有些國家確實會納入對於地下經濟的估計。舉例而言，統計學家在二〇〇六年計入希臘的黑市經濟活動，該國的國內生產毛額隨即躍升百分之二十五，該國政府於是得以在歐債危機爆發前夕獲得幾筆鉅額貸款。義大利在一九八七年開始計入黑市，而在一夕之間使其經濟增長了百分之二十。《紐約時報》報導指出：「經濟學家調整統計數據，首度將義大利為數龐大的逃稅者與非法工作人口的地下經濟納入計算，義大利人因此深感得意。」[4]

這還沒有納入那些連黑市經濟也算不上的所有無酬勞務，包括志工服務、照顧子女乃至下廚煮飯，而這些活動可是在我們所有的工作當中占了一半以上。當然，我們可以雇用清潔工或保母代勞部分家務，這麼一來這些工作就會計入國內生產毛額；不過，這些工作我們大部分還是會自己做。納入這一切無酬工作，將會使經濟擴增百分之三十七

（在匈牙利）乃至百分之七十四（在英國）。[5]不過，如同經濟學家黛安．柯爾（Diane Coyle）指出的：「官方統計機構通常不會花費心思在這方面——也許是因為這些工作主要都由女人從事。」[6]

順帶一提，只有丹麥曾經試圖在其國內生產毛額當中量化哺乳的價值。結果，這種活動的價值可是一點都不小：在美國，母奶的潛在貢獻據估計高達難以置信的一年一千一百億美元[7]——差不多等於中國的軍事預算。[8]

國內生產毛額也非常不善於計算知識的進展。我們的電腦、相機與手機都遠比以往更聰明、速度更快、外型更時髦，但價格也更低廉，所以那些進步在國內生產毛額當中幾乎根本看不出來。[9]我們在三十年前為了一GB的儲存容量就必須掏出三十萬美元，現在一GB的價格則是不到十美分。[10]這種驚人的科技進展在國內生產毛額的計算當中，只差不多等於你口袋裡的零錢而已。免費產品甚至還可能導致經濟收縮（例如通話服務Skype就導致電信公司損失了大筆收入）。今天，非洲隨便一個擁有手機的普通人所能夠獲取的資訊，就比柯林頓總統在一九九〇年代能夠取得的資訊還要多，但資訊部門在經濟當中的占比卻與二十五年前網路還沒出現的時候一模一樣。[11]

除了對許多美好事物視而不見以外，國內生產毛額也受益於各式各樣的人類苦難。交通打結、吸毒成癮、外遇通姦？這些現象對於加油站、勒戒中心以及離婚律師而言可是大利多。你如果是國內生產毛額，那麼你心目中的理想公民就會是個罹患癌症的強迫性賭徒，正在經歷一場曠日費時的離婚程序，而他承受這種壓力的方法就是吞服一把接一把的百憂解，並且在黑色星期五購物節瘋狂血拼。環境污染甚至還有雙重效用：一家公司藉著投機取巧的方式大賺黑心錢，另一家公司再收費清理殘局。相對之下，一棵樹齡數百年的神木則是毫無價值，除非被砍下來當成木材販賣。[12]

精神疾病、肥胖症、污染、犯罪——從國內生產毛額的角度來看，這些東西都是越多越好。這也就是為什麼美國這個全球人均國內生產毛額最高的國家，同時也是社會問題最多的國家。「依照國內生產毛額的標準，」作家羅維（Jonathan Rowe）指出：「美國最糟的家庭就是那些功能健全的家庭——那些自己煮飯、晚餐之後一同散步聊天，而不是單純把孩子外包給商業文化的家庭。」[13]

國內生產毛額對於在大多數已開發國家越來越嚴重的不平等現象同樣毫不理會，還有債務也是，以致賒借度日的生活方式因此成了一種誘人的選項。在二〇〇八年最後一季，就在全球金融體系近乎崩潰之時，英國銀行卻達到了前所未有的快速成長。就國內生產毛額的占比來看，英國銀行在金融危機臻於高峰之際占了英國經濟的百分之九，幾乎與整個製造業一樣高。想想看，英國的銀行業在一九五〇年代對於經濟的貢獻還近乎於零。

一九七〇年代期間，統計學家認為他們想到了一個好主意，也就是以銀行的風險承擔行為衡量其「生產力」。銀行承擔的風險越高，在國內生產毛額當中所占的比重就越高。[14] 難怪銀行會一再增加放款，尤其是政治人物也因為認定金融部門所占的比重和整個製造業一樣有價值而不斷鼓勵銀行這麼做。《金融時報》在不久之前報導指出：「銀行業如果在國內生產毛額當中被歸為負值而不是正值，那麼我們可以合理推測金融危機絕對不會發生。」[15]

在目前的制度下，莽撞推銷房貸與衍生性金融商品而賺進數百萬美元紅利的銀行執行長，對國內生產毛額的貢獻遠高於一所擁有眾多教師的學校，或是一間滿是汽車技師的工廠。在我們生活於其中的這個世界裡，現行規則似乎是一項職業的重要性越高（例如清潔、護理、教學），在國內生產毛額當中的評價就越低。如同諾貝爾獎得主托賓在一九八四年說的：「我們把越來越多的資源，包括最傑出的青年人才，都投注於和財貨與勞務生產無關的金融活動。這種活動產生的個人獎賞極高，與他們的社會生產力不成比例。」16

每個時代的合適數據

別誤會我的意思——在許多國家裡，經濟成長、福利與衛生仍然共存共榮。這些是仍然必須為挨餓的人口填飽肚子以及為沒有棲身之所的人民興建房屋的地區。能夠把其他目標放在成長之前是富裕地區的特權。不過，對於世界上大多數的人口而言，錢還是

圖表六・銀行部門的成長

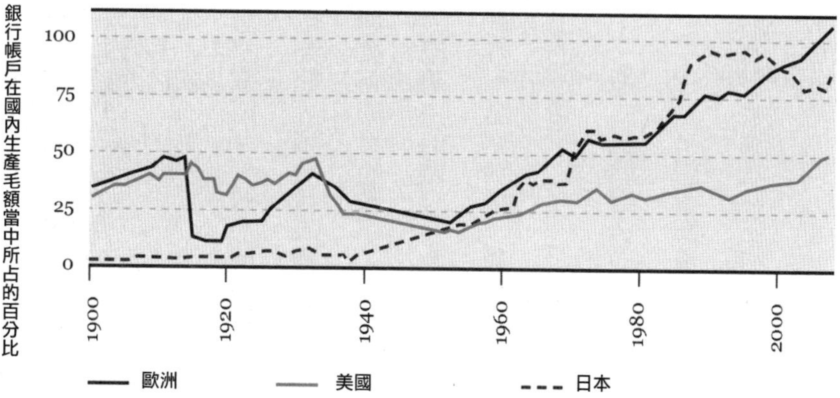

這張圖表顯示了對家戶與金融部門以外的機構的放款情形。「歐洲」是丹麥、英國、法國、德國、義大利、荷蘭、西班牙與瑞典的平均值。

資料來源：Schularick and Taylor, 2012

最好的東西。「社會當中只有一個階級會比富人投注更多心思在金錢上，」王爾德指出：「那就是窮人。」[17]

儘管如此，生活在豐饒之地的我們卻已經來到了一場漫長的歷史性旅程的終點。過去三十多年來，成長並沒有讓我們過得更好，在某些案例中更是恰恰相反。我們如果想要獲得品質更好的生活，就必須在尋求其他手段以及不同衡量標準當中邁出第一步。

認為國內生產毛額仍然能夠準確衡量社會福利，是我們這個時代最普遍的一項迷思。即便是什麼都要爭辯的政治人物，也總是一致同意國內生產毛額必須成長。成長是好事。成長對就業有益，對購買力有益，也對我們的政府有益，能夠讓政府有更多錢可以因應開支。

如果沒有國內生產毛額，現代新聞報導將會失落不已，不再能夠把最新的國家成長數字當成某種政府成績單拿來品頭論足。國內生產毛額縮水表示經濟衰退，要是真的嚴重萎縮，則是代表經濟蕭條。實際上，國內生產毛額差不多提供了記者想要的一切：定期發布的具體數字，而且還有機會引述專家的說法。最重要的是，國內生產毛額提供了一個明白的標竿。政府有沒有善盡責任？我們這個國家表現得如何？生活有沒有變得稍微好一點？別怕，我們有最新的國內生產毛額數字，這些數字就能夠告訴我們所需要知道的一切。

鑑於我們對這些數字的執迷，實在很難相信國內生產毛額在八十年前根本不存在。當然，想要衡量財富的渴望可以追溯到許久以前，遠到撲粉假髮的時代。那時候的經濟學家稱為「重農主義者」，認為所有的財富都來自土地。因此，他們關注的主要是收成。一六六五年，英國人佩第（William Petty）率先提出他所謂的「國民所得」。他的目的是要發現英國的稅收能夠籌集多少錢，再藉此推知這些稅收能夠為英國與荷蘭的戰爭繼續提供多久的資金。佩第與重農主義者不同，他認為真正的財富不是來自於土地，而是來自工資。因此，他推論認為工資應該受到加重課稅（佩第正巧是一名富有的地主）。

英國政治人物達維南特（Charles Davenant）則是對國民所得提出了另一種不同定義，並且在他寫於一六九五年的一篇文章的標題裡洩漏了他的意圖：〈論供應戰爭的方法與手段〉（Upon Ways and Means of Supplying the War）。像他提出的這類估計，都顯示英國在與法國的競爭中占有相當優勢。至於法國國王，則必須等到十八世紀末才得以獲取他自己像樣的經濟統計數據。一七八一年，路易十六的財政總監內克爾（Jacques Necker）向他提出「國王的財務報表」（Compte rendu au roi），當時路易十六已處於破產邊緣。這份文件雖使他能夠多借幾筆貸款，卻來不及阻止一七八九年的法國大革命。

「國民所得」一詞的定義其實從來沒有確立過，而是隨著最新的智識潮流以及當下的需求而變。每個時代都有其本身對於何謂國家財富的觀念。例如現代經濟學之父亞當．

斯密（Adam Smith）就認為國家的財富不僅奠基於農業，也奠基於製造業。相對之下，斯密則是主張整個服務經濟——這個部門涵蓋的職業包括藝人乃至律師，而且構成了現代經濟的三分之二左右——「完全沒有增添任何價值」。[18]

儘管如此，隨著現金流從農場轉移至工廠，接著又從生產線轉移到辦公大樓，記錄這一切財富的數字也跟著轉移。經濟學家馬歇爾（Alfred Marshall，一八四二—一九二四）率先主張，真正重要的不是產品的**本質**，而是**價格**。根據馬歇爾的衡量方式，一部芭莉絲．希爾頓（Paris Hilton）的電影、一個小時的《玩咖日記》（*Jersey Shore*）影集，以及一瓶萊姆口味的百威淡啤，都可以增進國家的財富，只要這些東西貼有價格標籤就行。

然而，才僅僅八十年前，美國總統胡佛（Herbert Hoover）面對必須藉著一堆數字——包括股價、鋼鐵價格乃至道路運輸量——對抗經濟大蕭條的狀況，在當時看起來卻仍然有如一項不可能的任務。即便是他最重要的度量——「鼓風爐指數」——也只不過是缺乏實用性的編造結果，試圖確定製鋼產業的生產水準。

如果在當時問胡佛「經濟」狀況如何，他一定會露出一臉困惑的神情。不只是因為他握有的數字當中沒有這一項，也因為他沒有我們現在對於「經濟」一詞所理解的這種概念。畢竟，「經濟」實際上不是一種東西，而是一種觀念，而且這種觀念在當時還沒有發明出來。

一九三一年，美國國會召集了全國首要的統計學家，結果發現他們連國家狀態最基本的問題都回答不了。國家明顯可見出了某種基本的問題，但他們最近的可靠數字卻是來自於一九二九年。無家可歸的遊民人口顯然正在成長，公司也一家家不斷破產，可是問題到底有多麼嚴重，卻沒有人知道。

幾個月前，胡佛總統派了商務部的幾名員工到全國各地回報狀況。他們帶回來的主要都是軼事證據，並且合乎胡佛認為經濟復甦已即將來臨的想法。不過，國會的疑慮並沒有受到消除。一九三二年，國會委託庫茲涅茨（Simon Kuznets）這位傑出的年輕俄國教授回答一個簡單的問題：我們能夠製造多少東西？

接下來幾年，庫茲涅茨為後來的國內生產毛額奠定了基礎。他原本的計算引發了一陣興奮之情，而他對國會提出的報告也成了全國暢銷書（這份報告本身也促進了國內生產毛額的增長，一本貢獻二十美分）。不久之後，收音機上不管談論什麼話題，都已脫離不了「國民所得」與「經濟」這兩個字眼。

國內生產毛額的重要性確實不言可喻，有些史學家認為就連原子彈與之相比也不免遜色。事實證明，國內生產毛額在戰爭時期是衡量國力的絕佳標準。「只有親自參與了第一次世界大戰的經濟動員行動的人士，才能夠理解涵蓋了二十年並以若干方法分類的國民所得估計，對第二次世界大戰的備戰活動造成了多少面向而且多大的助益，」美國國家經濟研究局局長韋斯利．米契爾（Wesley C. Mitchell）在戰爭結束後不久寫道。[19] 具體的數字甚至也能夠造成攸關生死的影響。凱因斯在一九四〇年的〈如何因應戰爭開支〉（How to Pay for the War）這篇文章裡，埋怨了英國品質參差不齊的統計數據。希特勒也同樣欠缺恢復德國經濟活力所需的數字。直到一九四四年，在俄軍逼近東方戰線而且盟軍也登陸於西部之時，德國的經濟生產力才達到巔峰。[20]

可是到了那個時候，美國的國內生產毛額——庫茲涅茨對此提出的衡量方式終究令他贏得諾貝爾獎——早已獲得了勝利。

終極衡量標準

從經濟大蕭條與戰爭的殘骸當中，國內生產毛額就此崛起成為進步的終極衡量標準——有如國家的水晶球，也是所有數字當中的王牌數字。這一次，其任務不是要支持備戰活動，而是為消費社會提供支柱。「就像太空中的衛星能夠勘測一整座大陸的天氣，國內生產毛額也能夠呈現出經濟狀態的全貌，」經濟學家薩繆森在他的暢銷教科書《經濟學》（*Economics*）當中寫道。「如果沒有像國內生產毛額這種經濟總量的衡量做法，決策者就會迷失在一片缺乏組織的數據汪洋裡，」他接著指出：「國內生產毛額與相關數據就像信號燈一樣，能夠幫助決策者引導經濟邁向關鍵的經濟目標。」[21]

在二十世紀初始，美國政府總共只雇用了一名經濟學家；說得精確一點，是一名「經濟鳥類學者」，負責研究鳥類。不到四十年後，美國國家經濟研究局雇用的經濟學家已有五千人左右，而且就是我們現在理解的這種經濟學家。那群人員當中包括了庫茲涅茨與傅利曼，後來成了二十世紀最重要的兩名思想家。[22] 在世界各地，經濟學家都開始在政治當中扮演支配性的角色。他們大多數人都在美國接受教育，因為美國是國內生產毛額誕生的搖籃，學者在那裡採用一種新式的科學性經濟學，以模型、方程式與數字為核心——數字多得令人眼花撩亂。

比起凱因斯與海耶克當初在學校裡學習的那種經濟學，這是一種完全不同型態的經濟學。一九〇〇年那時候的人談到「經濟」，意思通常是指「社會」。不過，一九五〇年代出現一群新世代的技術官僚，他們發明了一種全新的目標：促使「經濟」加以「成長」。更重要的是，他們認為自己知道怎麼達成這項目標。

在國內生產毛額發明之前，經濟學家所說的話極少受到新聞媒體的引述。不過，在第二次世界大戰結束後，他們卻成了報紙上固定出現的人物。他們精通了一項其他人做不到的伎倆：掌管現狀以及預測未來。經濟越來越被視為一部機器，政治人物只要拉下這部機器的操縱桿，就可以促進「成長」。一九四九年，發明家暨經濟學家菲利普斯（Bill Phillips）甚至利用塑膠容器與塑膠管製作了一部真正的機器，以代表經濟的運作，由流動於這部機器裡的水代表聯邦收入流。

圖表七 ·「國民生產毛額」(GNP)與「國內生產毛額」(GDP)這兩個詞語在出版於一九三〇至二〇〇八年間的英文書籍當中的普遍程度

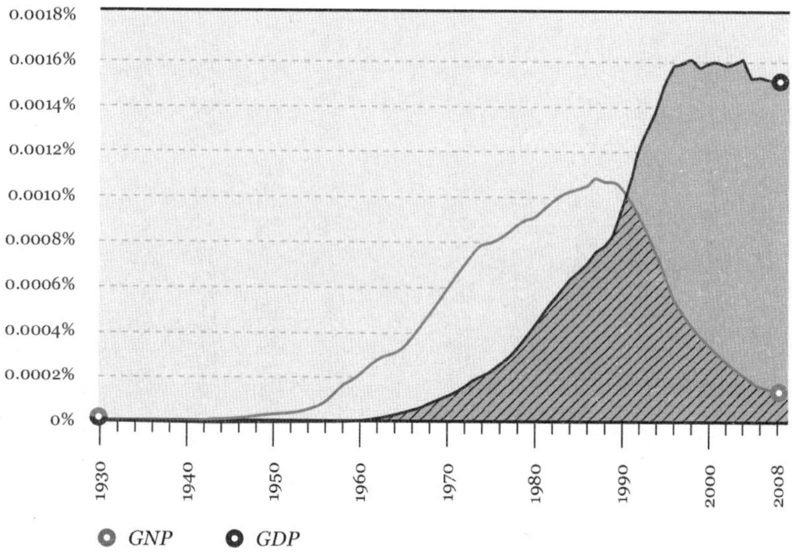

一開始，比較普遍的衡量標準是國民生產毛額，但國內生產毛額在一九九〇年代取而代之。國民生產毛額把一個國家的所有經濟活動加總起來（包括海外的經濟活動），國內生產毛額則是把國境內所有的活動加總起來（包括國外企業的經濟活動）。在大多數國家裡，國民生產毛額與國內生產毛額的差別都不超過個位數百分比的幅度。

資料來源：Google Ngram

如同一名史學家所解釋的：「你如果是一九五〇與六〇年代期間的一個新國家，那麼你最先必須做的事情就是開設一家國家航空公司，成立一支國家軍隊，並且開始衡量國內生產毛額。」[23]不過，衡量國內生產毛額這件工作卻變得越來越棘手。聯合國在一九五三年發表第一份計算國內生產毛額的指導原則之時，整份文件還不到五十頁。發表於二〇〇八年的最新版本，則是厚達七百二十二頁。國內生產毛額的數字雖然經常受到媒體的揮舞討論，卻極少有人真正明白國內生產毛額是怎麼決定的。就連許多專業經濟學家也是一頭霧水。[24]

要計算國內生產毛額，必須把許許多多的數據點連結起來，也必須針對要計入以及忽略哪些東西做出數以百計的主觀選擇。儘管如此，國內生產毛額卻總是被呈現為硬科學，其中的些微變動就足以造成勝選連任與政治潰敗的差異。然而，這種表面上的精確性其實是一種假象。國內生產毛額不是一種定義明確的東西，擺在那兒等著讓人「衡量」。衡量國內生產毛額其實是企圖衡量一種觀念。

無可否認，這的確是一項相當了不起的觀念。國內生產毛額在戰爭期間無疑非常有用，因為在這種面臨敵人威脅的時刻，國家的存續就仰賴於生產力，仰賴於能夠製造出多少的坦克車、飛機、炸彈與手榴彈。在戰爭期間，向未來借貸是再合理也不過的行為。在戰爭期間，污染環境以及背負債務是合情合理的選擇。在這種時候，忽略家人、把兒童送上生產線工作、犧牲休閒時間，並且忘卻一切讓人生值得活下去的事物，甚至也有可能是令人偏好的選項。

的確，在戰爭時期，實在沒有其他衡量標準的實用性比得上國內生產毛額。

其他選擇

不過，重點當然是戰爭已經結束了。我們的進步標準是為了一個面對不同問題的不同時代所構想出來的結果。我們的統計數據已不再能夠反映我們的經濟面貌，而這樣必定會造成不良的後果。每個時代都需要屬於其本身的數字。十八世紀的數字衡量的是收成的多寡，十九世紀衡量的是鐵路網的範圍、工廠的家數以及煤礦的產量。在二十世紀，衡量的則是民族國家境內的工業大量生產。

不過，現在單以美元、英鎊或歐元已不再能夠呈現我們的繁榮。從醫療到教育，從新聞業到金融業，我們仍然深深執迷於「效率」和「收益」，彷彿社會不過就是一條龐大的生產線而已。然而，簡單的量化目標在一個以服務為基礎的經濟當中必定發揮不了作用。「國民生產毛額……衡量了一切……除了為人生賦予意義的事物以外，」羅伯特．甘迺迪說。[25]

現在，該是找出一套新數字的時候了。

早在一九七二年，不丹第四任國王就提議把衡量標準改成「國民幸福總值」，因為國內生產毛額忽略了文化與福祉當中許多至關緊要的面向（例如熟知傳統歌舞）。不過，幸福看起來似乎與國內生產毛額同樣是一種單一面向的獨斷性特質；畢竟，你也有可能只是因為喝醉酒而覺得充滿幸福感——這是**我們看不見的事物**。此外，挫折、哀痛與悲傷不也是圓滿人生的一部分？就像哲學家彌爾說過的：「寧可當不滿足的蘇格拉底，也不要當個滿足的笨蛋。」[26]

不僅如此，我們也需要相當程度的惱怒、沮喪和不滿驅使我們向前邁進。豐饒之地如果是個所有人都幸福快樂的地方，那麼絕對也是一個充滿了冷漠的地方。女性如果從來不曾抗議，一定不可能獲得投票權；非裔美國人如果從來不曾抗爭，黑人歧視法說不定至今仍然通行於美國。我們如果寧願執迷於國民幸福總值以慰藉我們的不滿，那麼進步將會就此終結。王爾德指出：「不滿是人或國家進步的第一步。」[27]

那麼，有沒有其他的選項呢？有兩個候選對象，是「真實發展指標」（GPI）與「經濟福利指標」（ISEW），其中計入了污染、犯罪、不平等與志願工作。在西歐，真實發展指標的進展幅度遠低於國內生產毛額，在美國更是自從一九七〇年代以來即陷入衰退。或者，也可以看看「快樂地球指數」，這項排名把生態足跡納入考量，結果大多數已開發國家的排名都處於中段附近，美國更是吊車尾。

不過，即便是這些計算方式也還是沒有說服我。

不丹在其本身提出的指數裡高居榜首，但那項指數卻忽略了不丹國王的獨裁統治以及對於洛昌人（Lhotshampa）的種族滅絕行動。共產東德曾經有一項「社會生產毛額」，儘管東德政權對社會、生態與經濟造成極大的傷害，那項指數卻還是一年年穩定上升。同樣的，真實發展指標與經濟福利指標雖然矯正了國內生產毛額的部分缺陷，卻全然忽略了近數十年來的巨大科技躍進。這兩項指數都見證了世界上存在著許多問題——不過，這兩項指數的設計本來就是要呈現這樣的結果。

實際上，簡單的排名所隱藏的事物總是比揭露的還多。在聯合國的人類發展指數或者經濟合作暨發展組織（OECD）的美好生活指數中獲得高分也許值得喝采，**但我們必須先知道其中衡量的內容是什麼**。可以確定的是，國家一旦越富裕，就越難衡量那些財富。矛盾的是，我們雖然生活在資訊時代，卻一再把越來越多的錢投注於我們沒有什麼具體資訊的活動上。

政府擴張的奧秘

這一切可以追溯到莫札特身上。

那位音樂天才在一七八二年創作G大調的第十四首弦樂四重奏（K. 387），當時他需要四個人演奏這首作品。在兩百五十年後的今天，這首作品仍然只需要四個人演奏。[28] 你如果希望你的小提琴能夠提高產能，頂多能做的就是把演奏速度稍微加快一點。換句話說：人生中有些東西，例如音樂，並不會受益於效率的提高。我們生產咖啡機的速度雖然越來越快，成本也越來越低，但小提琴家只要一加快速度，就不免毀了曲子。

在我們與機器的賽跑當中，我們會把越來越少的錢花在能夠以更高的效率輕易製造出來的產品，而把越來越多的錢投注在藝術、醫療、教育及安全這類勞力密集服務與設施，絕對是合乎邏輯的發展。在福祉方面獲得高分的國家，例如丹麥、瑞典與芬蘭，都擁有龐大的公部門，這點並非巧合。這些國家的政府為生產力無法提升的領域提供補助。不同於冰箱或汽車的生產活動，歷史課與健康檢查無法單純變得「更有效率」。[29]

由此帶來的自然結果，就是政府占用了經濟大餅中越來越多的份額。這種現象最早由經濟學家鮑莫爾（William Baumol）在一九六〇年代指出，現在普遍稱為「鮑莫爾成本病」。這項論點基本上就是說，醫療與教育這類勞力密集部門的價格上漲速度比較快，和那些大部分的工作都可以受到更廣泛自動化的部門不一樣。

可是等一下。

這種現象不是應該算是一種福氣嗎？怎麼會說成是病？畢竟，我們的工廠與電腦越有效率，我們的醫療與教育就越不需要有效率；也就是說，我們有越多的時間能夠照顧年老病弱者，並且將教育安排得更為個人化。這樣不是很棒嗎？根據鮑莫爾的說法，依照如此高尚的目標分配資源所面對的主要障礙，就是「我們負擔不起這種開支的錯覺」。

就錯覺而言，這項錯覺實在是頗為頑強。你如果執迷於效率和生產力，就很難看出教育和醫護的真正價值。這就是為什麼有那麼多的政治人物與納稅人都只看見成本而已。他們沒有體認到，一個國家越是富有，就越應該把錢花在老師和醫生上。然而，他們卻沒有把這些開支的增加視為福氣，而反倒視之為一種病。

然而，除非我們喜歡把學校和醫院當成工廠那樣經營，否則我們絕對可以確定，在我們與機器的競賽裡，醫療與教育的成本只會越來越高。另一方面，像冰箱與汽車這類產品則是已經變得**太便宜**。只看一件產品的價格，就不免忽略一大部分的成本。實際上，英國的一個智庫估計指出，廣告主管每賺取一英鎊，就會因為造成壓力、過度消費、污染與債務而導致相當於七英鎊的損失；相反的，付給清潔隊員一英鎊，則會因為促進健康與永續而創造出相當於十二英鎊的價值。[30]

公部門的服務經常帶來許許多多的隱藏效益，私部門則是充斥了隱藏成本。「我們有能力為自己需要的服務支付更高的價格——主要是醫療與教育，」鮑莫爾寫道：「成本下跌所造成的後果，可能才是我們真正負擔不起的問題。」

你也許會對這項論點嗤之以鼻，認為這類「外部性」無法單純受到量化，因為其中涉及太多的主觀假設。不過，這正是重點所在。「價值」與「生產力」無法以客觀數字表達，就算我們假裝事實並非如此也是一樣：「我們的畢業率很高，所以我們提供優質的教育」——「我們的醫生非常專注也非常有效率，所以我們提供優質的醫療照護」——

「我們的出版率很高，所以我們是一所傑出的大學」——「我們的觀眾市占率很高，所以我們製作優質的電視節目」——「經濟不斷成長，所以我們國家的狀況很好……」

我們這個績效導向社會的目標和前蘇聯的五年計畫一樣荒謬。把我們的政治體系建立在生產數字上，就是把美好生活轉變為財務報表。如同作家凱文・凱利（Kevin Kelly）說的：「機器人才講生產力。人類擅長的是浪費時間、實驗、玩耍、創造以及探索。」[31]依據數字進行管理，是國家已經不再知道自己想要什麼、已經沒有烏托邦願景的情況下，所採取的最後手段。

進步的儀表板

「世界上有三種謊言：謊言，該死的謊言，以及統計數據，」英國首相迪斯雷利據說曾經這麼譏嘲道。儘管如此，我還是堅信啟蒙運動的古老原則，也就是決策需要有可靠資訊和數字的基礎。

國內生產毛額發明於一個有著深刻危機的時期，也為一九三〇年代的大挑戰提供了答案。隨著我們面對當前的失業、蕭條與氣候變遷危機，我們也必須找尋一種新的數字。我們需要的是一塊「儀表板」，帶有各式各樣的指標以追蹤讓人生值得活下去的事物——金錢與成長當然是其中的一部分，但也包括社區服務、就業機會、知識、社會凝聚力。當然，還有最稀少的財貨：時間。

「不過，這樣的一塊儀表板不可能是客觀的，」你也許會這麼反駁。的確。可是本來就沒有所謂的中性衡量標準。每一項統計數據背後都存在著一套特定的假設與偏見。更重要的是，那些數字——以及其中的假設——引導了我們的行為。這點不但對國內生產毛額而言成立，對於人類發展指數與快樂地球指數而言也一樣成立。而且，正是因為我們必須改變我們的行為，所以我們才需要新的數字來引導我們。

庫茲涅茨在八年前就針對這一點為我們提出了警告。「一個國家的福利……難以從國民所得的衡量當中推知，」他對國會報告指出：「國民所得的衡量擺脫不了這類錯覺以及因此產生的濫用情形，尤其是衡量國民所得所處理的問題正是不同社會群體的衝突核心；而在這種情況下，只有過度簡化的論點才會有效果。」[32]

國內生產毛額的發明者曾經提出告誡，指稱軍隊、廣告與金融部門的支出不該納入國內生產毛額的計算裡，[33]但他的忠告卻沒有受到理會。第二次世界大戰結束後，庫茲涅茨對於自己創造出來的這頭怪獸越來越擔憂。他在一九六二年寫道：「我們不可忘卻成長的量與質之間的區別，還有成本與報酬之間的區別，以及短期與長期的區別。追求更多成長的目標應該具體說明是什麼的成長，以及是為了什麼而成長。」[34]

現在，該由我們來重新思考這些老問題了。成長是什麼？進步是什麼？或是這個更基本的問題：是什麼東西為人生賦予真正的價值？

能夠以聰明的方式填補休閒時間，是文明的最後一項產物。

——羅素

6 夢想二：如果每個人一週工作十五小時

你如果向二十世紀最傑出的經濟學家詢問說，二十一世紀面對的最大挑戰是什麼，他絕對不假思索就能夠立刻回答。

休閒時間。

一九三〇年夏季，就在經濟大蕭條的問題越來越嚴重之際，英國經濟學家凱因斯在馬德里發表了一場奇特的講座。他早已在劍橋大學和學生討論了一些新奇的觀念，而決定公開提出於一場主題為「我們兒孫輩的經濟可能性」的簡短演說裡。[1]

換句話說，他那場演說所談的對象就是我們。

馬德里在他造訪當時是一片混亂。失業情形已然失控，法西斯主義逐漸壯大，蘇聯也在那裡積極招募支持者。幾年後，西班牙就爆發了一場慘烈的內戰。既然如此，**休閒時間**怎麼可能會是最大的挑戰？那年夏天，凱因斯看起來彷彿來自另一個星球。「我們目前正經歷一種嚴重的經濟悲觀心態，」他寫道：「我們經常可以聽到有人說十九世紀那個巨大經濟進步的時代已經結束……」而且這麼說確實有其道理。當時貧窮現象氾濫，國際情勢緊繃，後來唯有靠著第二次世界大戰這部殺人機器，才得以為全球工業重新注入活力。

在一座瀕臨災難邊緣的城市裡發表演說，這位英國經濟學家提出了一項違反直覺的預測。凱因斯指出，到了二〇三〇年，人類將面對有史以來最大的挑戰：該怎麼運用一大堆的空閒時間。除非政治人物犯下「災難性的錯誤」（例如在經濟危機期間採取撙節措施），否則他認為西方生活水準將在一個世紀內提升到一九三〇年的至少四倍。

他的結論是什麼呢？到了二〇三〇年，我們一週的工時只會有十五個小時。

一個充滿休閒時間的未來

預見一個充滿休閒時間的未來，凱因斯不是第一個也不是最後一個提出這種說法的人。在一個半世紀之前，美國開國元老富蘭克林就已預測未來一天只需要工作四個小時。除此之外，生活將全是「休閒與樂趣」。馬克思同樣也盼望著未來所有人都會有時間，能夠「上午打獵，下午釣魚，傍晚飼養牲畜，晚餐後批評時事……卻完全不必成為獵人、漁夫、牧人或者評論家」。

大約在同一時間，古典自由主義之父英國哲學家彌爾也主張對於更多財富的最佳運用方式，就是享有更多的休閒。彌爾反對他的大對頭卡萊爾（Thomas Carlyle）鼓吹的「工作福音」（卡萊爾恰好也是奴隸制度的一大倡導者），而把他自己提倡的「休閒福音」放在一起比較。彌爾認為，科技應該用於盡可能減少每週的工時。「未來將有絲毫不少於以往的眾多機會，可以培養各式各樣的精神素養，以及追求道德與社會的進步，」他寫道：「也有一樣多的空間可以精進生活的藝術。」[2]

然而，在十九世紀促成爆炸性經濟成長的工業革命，帶來的結果卻與休閒恰恰相反。一三〇〇年的英國農夫為了生活必須一年工作一千五百個小時，但彌爾那個時代的工廠勞工卻必須工作兩倍的時間才得以餬口。在像曼徹斯特這樣的城市裡，一週工作七十小時乃是常態——沒有假期，沒有週末——甚至連兒童也是如此。「窮人要假日做什麼用？」英國一名公爵夫人在十九世紀末問道：「他們應該要工作！」[3]太多空閒時間只會引人為非作歹。

儘管如此，在一八五〇年左右，工業革命造就的繁榮有一部分開始滲漏到了下層階級身上，而金錢就是時間。一八五五年，澳洲墨爾本的石匠率先獲得了一天八小時的工時。到了十九世紀末，有些國家的每週工時已減少至六十小時以下。諾貝爾獎得主劇作家蕭伯納（George Bernard Shaw）在一九〇〇年預測指出，依照這樣的發展速率，二〇〇〇年的勞工一天將只需要工作兩個小時。

雇主自然對此滿心抗拒。一九二六年，三十二位著名的美國企業家被人問到他們對於縮短工時有何想法，總共只有兩個人認為這種想法有其價值。另外三十人都認為更多空閒時間只會導致更高的犯罪率、債務以及墮落。[4]然而，卻也正是亨利．福特——工業鉅子，福特汽車公司的創辦人，也是T型車的發明人——在那一年率先實施了一週工作五天的做法。

大家都說他瘋了。接著卻紛紛跟上他的腳步。

身為徹頭徹尾的資本主義者，也是生產線背後的主腦，亨利‧福特發現縮短每週工時實際上提高了員工的生產力。他指出，休閒時間是「冰冷的商業事實」。[5]勞工經過充分休息之後，工作效率就會跟著提高。此外，員工如果在工廠內從早忙到晚，而沒有任何空閒時間可以出外旅行或者駕車兜風，絕對不可能會買他生產的汽車。如同福特對一名記者說的：「我們該要拋棄以往的那種觀念了，休閒時間對於勞工而言絕非『浪費時間』，也絕對不是階級特權。」[6]

不到十年，抱持疑慮的人士都已受到說服。在二十年前曾經警告指稱縮短工時將會摧毀經濟的全美製造商協會，現在已傲然宣傳著美國擁有全世界最短的每週工時。獲得了這些休閒時間，勞工在不久之後就都紛紛駕駛著福特汽車奔馳在道路上，路旁矗立著全美製造商協會的廣告看板，上面的文字宣告道：「美式生活無人能比。」[7]

「一群機器照顧者」

一切的證據似乎都顯示，事實將會證明那些傑出思想家——包括馬克思、彌爾、凱因斯乃至福特在內——的想法確實沒錯。

一九三三年，美國參議院通過每週工時三十小時的法案。這項法案雖然因為產業界的壓力而卡在眾議院裡，縮短每週工時卻仍是工會的第一要務。一九三八年，確立一週工作五天的立法終於獲得通過。次年，〈大糖果山〉（Big Rock Candy Mountain）這首民謠登上排行榜榜首，其中的歌詞描述了一個烏托邦，「母雞生下半熟蛋」，香菸長在樹上，「發明了工作的那個混蛋」則是被吊在最高的那棵樹上。

第二次世界大戰結束後，休閒時間持續穩定增加。一九五六年，副總統尼克森向美國民眾承諾指出，他們「在不久的未來」將只需要一週工作四天。當時美國已達到「繁榮高峰」，因此他認為每週工時的減少是無可避免的結果。[8]不久之後，所有的工作都將由機器完成。如此一來，將會釋放出「大量的休閒時間」，英國一名教授興奮指出：「可讓人沉浸於想像生活裡，沉浸於藝術、戲劇、舞蹈以及其他各式各樣超越日常生活侷限的活動。」[9]

凱因斯的大膽預測在今天已成了老生常談。一九六〇年代中期，一份參議院委員會報告預計指出，每週工時到了二〇〇〇年將減少至只有十四個小時，而且一年至少有七週的休假。蘭德公司（RAND Corporation）這個深具影響力的智庫，預見未來只要百分之二的人口即可生產社會所需的一切。[10]不久之後，工作將是菁英階層的特權。

一九六四年夏季，《紐約時報》請科幻名作家艾西莫夫（Isaac Asimov）對未來提出預測。[11]五十年後的世界會是什麼模樣？艾西莫夫對於一些事物的態度頗為謹慎：二〇一四年的機器人「不會很普及，也不會非常好」。但在其他面向上，他的期望則是非常高。汽車將會飛行在空中，也會有整座建造於水下的城市。

真正令他憂心的終究只有一件事：就是煩悶的普遍化。他寫道，人類將會「大致上成為一群機器照顧者」，而這種現象將會造成「嚴重的精神、情感與社會問題」。精神病學將會在二〇一四年成為最大的醫學專科，原因是數以百萬計的人都會漂浮在「強制休閒」的汪洋上。他說，「工作」將會成為「英語詞彙裡最光輝亮麗的一個詞語」。

隨著一九六〇年代逐漸過去，越來越多的思想家也開始提出他們的擔憂。普立茲獎得主政治學家葛拉齊亞（Sebastian de Grazia）對美聯社表示：「我們有理由擔心……空閒時間，強迫的空閒時間，將會帶來煩悶、懶散、敗德與個人暴力增加的躁動情形。」一九七四年，美國內政部也提出警告，宣稱「許多人認為代表了人間樂園的休閒時間，很可能會成為未來最令人擔憂的問題」。[12]

儘管有這些憂慮，卻沒有多少人對於歷史的進程終究會走上哪個方向有所遲疑。到了一九七〇年左右，社會學家已滿懷自信地談論著即將來臨的「工作的終結」。人類已身在一場名副其實的休閒革命邊緣。

喬治與珍

看看喬治・傑森與珍・傑森這對夫妻。他們是一對正派夫婦，帶著兩名子女住在軌道城市的一間寬敞公寓裡。喬治在一家大公司裡擔任「數位指數操作員」，珍則是傳統的美國家庭主婦。喬治經常做關於工作的噩夢，但誰能責怪他呢？他的職務就是定時按下一顆按鈕，而他的老闆史貝斯利先生則是個身材短小圓胖、蓄著一撮小鬍子的暴君。

「我昨天工作了**整整兩個小時！**」喬治在做了不曉得第幾次的噩夢之後抱怨道。他的太太珍大感震驚。「老天，史貝斯利以為他經營的是什麼東西？血汗工廠嗎?!」[13]

軌道城市的每週平均工作時數是九個小時。可惜的是，這座城市只存在於電視上，在「二十世紀最重要的未來主義作品」《傑森一家》（*The Jetsons*）卡通影集裡。[14]這部影集在一九六二年推出，劇中的時間背景設定在二〇六二年，基本上就是未來世界的《摩登原始人》（*The Flintstones*）。在不斷重播之下，現在已有不少世代都是看著《傑森一家》長大。

五十年後，事實證明，這部影集的創作人對於二〇六二年所做的許多預測都早已實現。家事機器人？打勾。日曬床？用過了。觸控螢幕？到處都是。視訊通話？沒問題。

但在其他面向上，我們卻還是遠遠落後於軌道城市。飛行車輛什麼時候才會升空？移動市區人行道在目前也還沒看到。

可是最令人失望的欠缺是什麼？休閒時間的增加。

遭到遺忘的夢想

一九八〇年代，每週工時減少的趨勢陷入停滯。經濟成長並未帶來更多的休閒，而是帶來更多的東西。在澳洲、奧地利、挪威、西班牙與英國等國家，每週工時更是完全不再減少。[15]在美國，每週工時甚至出現增加。在這個國家立法通過每週工時四十小時的七十年後，卻有四分之三的勞動人口每週工作超過四十個小時。[16]

可是還不只如此。即便在**個人**每週工時出現減少的國家裡，家庭生活的時間卻還是變得更加緊迫。為什麼？這一切都涉及過去數十年來最重要的發展：女性主義革命。

未來學家完全沒有預見到這項發展。畢竟，二〇六二年的珍．傑森還是個順從的家庭主婦。一九六七年，《華爾街日報》預測機器人的普及將可讓二十一世紀的男人有許多時間可以在家裡和太太一起坐在沙發上盡情放鬆。[17]沒人想到在二〇一〇年一月，美國勞動人口竟然會以女性占多數——這是自從男性在第二次世界大戰期間受到徵召上戰場以來，第一次再度出現這種情形。

女性在一九七〇年只貢獻了百分之二到六的家庭收入，現在這個數字卻已超過百分之四十。[18]

這場革命的進展速度令人難以置信。如果把無酬勞動納入計算，那麼歐洲與北美的女性所做的工作都多於男性。[19]「我奶奶沒有投票權，我媽沒有避孕藥，我則是沒有時間，」一名荷蘭女性喜劇演員說得一針見血。[20]

隨著女性湧入勞動市場，男性理當開始減少工作（而多把心力投注於煮飯、打掃，以及照顧家人）。

不過，實際上卻非如此。一九五〇年代的夫妻每週工作天數加總起來是五到六天，

圖表八・職場上的女性人口，一九七〇至二〇一二

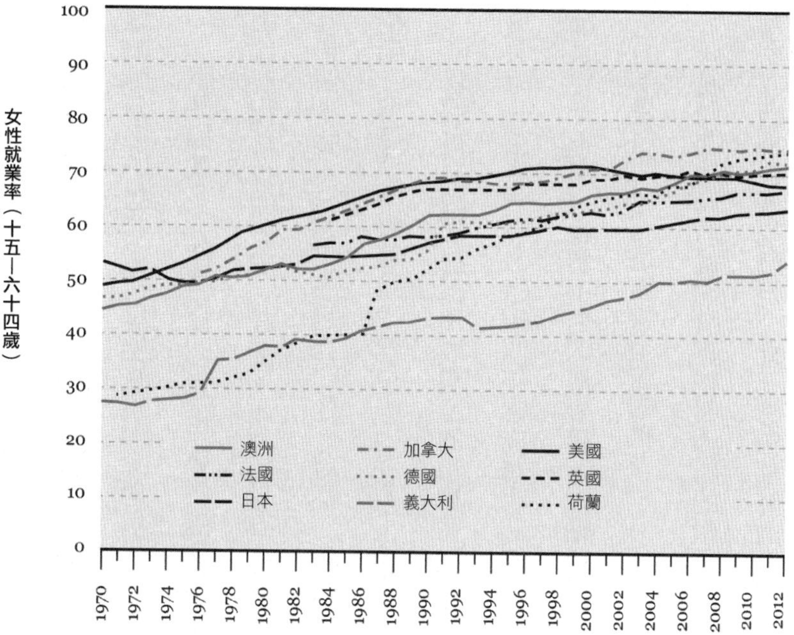

資料來源：OECD

現在則是接近於七到八天。另一方面，教養子女也變成了一項時間密集程度遠勝於以往的工作。研究顯示，世界各國的父母投注在子女身上的時間都遠比以往更多。[21] 在美國，當今的職業母親投注在子女身上的時間，實際上比一九七〇年代的家庭主婦還要多。[22]

即便是荷蘭這個每週工時全世界最短的國家，其國民在一九八〇年代以來也感到工作、加班、照顧任務以及教育

的負擔越來越重。一九八五年，這些活動每週占用四十三．六個小時；到了二〇〇五年，則是四十八．六個小時。[23]四分之三的荷蘭勞動人口都覺得時間壓力對他們造成過度負擔，四分之一超時工作已成了習慣，並且有八分之一出現職業倦怠的徵兆。[24]

不僅如此，工作與休閒也變得越來越難以區分。哈佛商學院所進行的一項研究顯示，由於現代科技的發展，歐洲、亞洲與北美的經理人以及專業人士現在每週都有八十至九十個小時，「如果不是在工作，就是『監督』工作以及保持待命」。[25]韓國的研究也指出，智慧型手機導致一般員工的每週工作時間多出了十一個小時。[26]

我們可以說那些傑出思想家的預測並沒有真正實現，而且根本是差得非常遠。艾西莫夫說「工作」在二〇一四年會成為我們的詞彙裡最光輝亮麗的詞語也許沒錯，但理由卻是完全不同。我們不是悶得要死，而是以工作把自己壓死。心理學家與精神科醫師對抗的不是煩悶，而是無所不在的壓力。

我們老早以前就應該實現凱因斯的預言。在二〇〇〇年前後，法國、荷蘭與美國等國家的富裕程度就已是一九三〇年那時的五倍。[27]然而，我們現在最大的挑戰卻不是休

圖表九．我們的工作時間越來越少（截至一九八〇年為止）

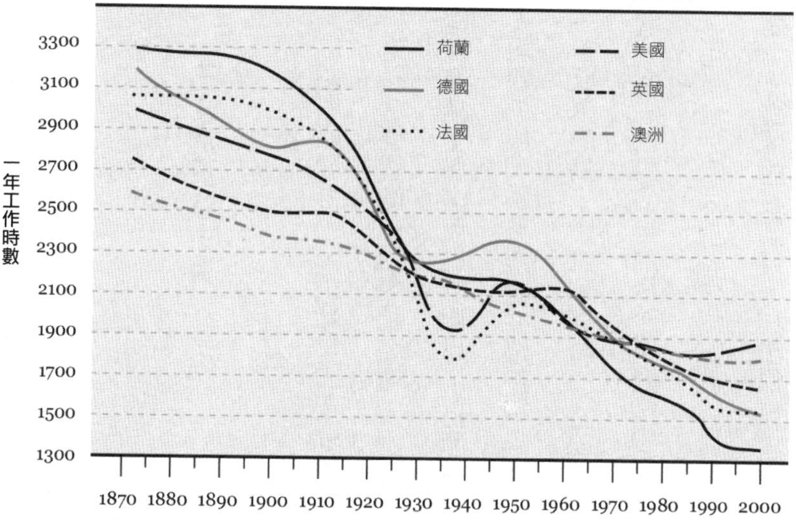

人均年工時自從十九世紀以來已大幅減少。然而，一九七〇年以後的數字具有誤導性，原因是有越來越多的女性都加入了工作人口中。因此，雖然有些國家的員工平均工時仍在持續減少，家庭生活的時間卻還是越來越緊迫。

資料來源：International Labour Organization

閒與煩悶，而是壓力與不確定性。

玉米片資本主義

在那個地方，「金錢已由美好生活取代，」中世紀一名詩人以熱切不已的筆調描述科凱恩這個想像中的豐饒之地：「所以睡覺睡得越久，賺得越多。」[28]在科凱恩，一年當中充滿了無窮無盡的假日：復活節、五旬節、聖約翰節與聖誕節都各有四天。如果有人想要工作，就會被關進地窖裡。即便只是說出「工作」一詞也算是嚴重罪行。

反諷的是，中世紀那時的人恐怕比今天的我們更接近於豐饒之地那種滿足的閒散生活。在一三〇〇年前後，年曆當中仍然充滿了假日與節慶。哈佛史學家暨經濟學家薛荷（Juliet Schor）估計指出，當時一年至少有三分之一的日子都是假日。在西班牙，假日多達令人震驚的五個月，在法國更是將近六個月。大多數農民都不會從事超出於餬口所需的工作。「生活節奏很緩慢，」薛荷寫道：「我們的祖先也許不富有，但他們擁有許多休閒時間。」[29]

那麼，那些時間究竟都到哪裡去了？

答案其實很簡單。時間就是金錢。經濟成長可以造就更多的休閒或是更多的消費。在一八五〇至一九八〇年間，我們同時獲得這兩種效果。但在那之後，增加的主要只有消費。即便在實質所得維持不變而且不平等現象暴增的地方，消費熱潮也還是持續不休，只不過是藉由信貸進行而已。

這正是用來反對減少每週工時的主要論點：我們負擔不起。更多的休閒時間是一項美好的理想，但代價實在太過高昂。如果我們所有人都減少工作，那麼我們的生活水準就會崩潰，福利國家也將瓦解。

可是，真的會這樣嗎？

在二十世紀初始，亨利・福特進行了一系列的實驗，證明他的工廠勞工在每週工作四十個小時的情況下生產力最高。額外工作二十個小時在頭四個星期內會產生效益，但過了四個星期後，生產力就會開始下滑。

另外又有人據此做了更進一步的實驗。一九三〇年十二月一日，在經濟大蕭條猛烈延燒之際，玉米片大王家樂（W. K. Kellogg）決定在他位於密西根州巴特克里（Battle Creek）的工廠實施一天工時六小時的做法。結果大獲成功：家樂因此得以增聘三百名員工，意外發生率也減少了百分之四十一。此外，員工的生產力也明顯提高。「這對我們而言不只是理論，」家樂滿懷自豪地向當地一家報社表示：「生產單位成本降低幅度非常大，因此我們能夠以先前八小時的工資支付員工現在六小時的工作。」[30]

一如福特，在家樂眼中，縮短每週工時純粹是一種對生意有利的做法。[31] 不過，對於巴特克里的居民而言，縮短每週工時的意義卻不僅止於此。一份當地報紙報導指出，在這種做法實施之後，他們首度享有了「真正的休閒」。[32] 父母有時間可以陪伴子女，也有更多時間可以閱讀、從事園藝種植，以及運動。突然間，教堂與社區中心都充滿了有時間參與公民生活的市民。[33]

將近半個世紀後，英國首相希思（Edward Heath）也發現了玉米片資本主義的效益，儘管這是他無意間發現的結果。當時是一九七三年底，而他已束手無策。通貨膨脹達到破記錄的高峰，政府支出飆增，工會也頑強拒絕任何的妥協。彷彿這樣還不夠糟糕，礦工也在此時決定發動罷工。能源因此出現短缺，英國人只好降低室內的暖氣溫度，而穿上最厚的毛衣。十二月來臨了，結果連特拉法加廣場（Trafalgar Square）的聖誕樹也沒有點燈。

希思決定採取一項激進做法。一九七四年一月一日，他強制施行了每週工作三天的政策。在能源儲備恢復正常之前，雇主一週不得使用超過三天的電力。鋼鐵大亨預測工業生產將重挫百分之五十。政府官員擔心此舉會帶來災難性的後果。每週工時在一九七四年三月恢復為五天之後，官員開始計算生產損失的總數。他們難以相信自己看到的結果：生產損失總共只有百分之六。34

福特、家樂與希思發現的是，生產力與長工時**不會**攜手並進。一九八〇年代期間，蘋果公司員工常穿一件印有這段文字的T恤：「一週工作九十個小時，而且樂在其中！」後來，生產力專家計算指出，他們當時的工作時數如果只有一半，開創性的麥金塔電腦說不定會提早一年出現。[35]

有不少鮮明的徵象顯示，在現代的知識經濟當中，即便是一週工作四十小時也太多了。研究指出，不斷運用創作能力的人，平均一天能夠發揮生產力的時間不會超過六個小時。[36]難怪世界上的富裕國家，在擁有龐大的創作階級與高教育程度人口的情況下，也是每週工時減少幅度最大的國家。

（幾乎是）一切問題的解決方案

近來有個朋友問我：減少工作時數究竟能夠解決什麼問題？

我想把這個問題反過來問：有什麼問題是減少工作時數**不能**解決的嗎？

壓力？無數的研究都顯示工作時數較短的人士對於自己的生活比較滿意。[37]在最近一項以職業婦女為對象的意見調查當中，德國研究人員甚至量化了「完美的一天」。最大份額的時間（一百零六分鐘）應分配給「親密關係」。「社交」（八十二分鐘）、「放鬆」（七十八分鐘）與「飲食」（七十五分鐘）分配到的時間也相當多。排在底部的則是「教養子女」（四十六分鐘）、「工作」（三十六分鐘）以及「通勤」（三十三分鐘）。研究人員語帶挖苦地指出：「如果要促成福祉最大化，那麼（能夠增加國內生產毛額的）工作與消費在一般人的日常活動中也許應該扮演比較小的角色。」[38]

氣候變遷？全世界各國如果都一致縮短每週工時，本世紀的二氧化碳排放量也許能夠因此減半。[39] 工時較短的國家，造成的生態足跡也比較小。[40] 減少消費必須從減少工作開始——或者，更好的做法是，藉著休閒的方式消費我們的繁榮。

意外事故？超時工作會造成致命的後果。[41] 漫長的日工時會導致更多的錯誤：疲累的外科醫生比較容易犯錯，睡眠不足的士兵也比較容易錯失目標。從車諾比核災到挑戰者號太空梭爆炸事件，事實證明工作過度的主管人員在災難當中經常扮演了致命性的角色。引發二〇〇〇年代最大災難的金融部門，超時工作情形也極為氾濫，這點絕非巧合。

失業？當然，我們不能單純把一項職務切成比較小塊。勞動市場不是搶座位遊戲，不是說任何人都可以坐任何一個位子，我們只需提供空位就好。但儘管如此，國際勞工組織的研究人員得到的結論指出，工作分享——由兩名兼職員工分擔傳統上由一名全職員工負責的工作量——在化解上一次的失業危機當中扮演了相當大的角色。[42] 尤其在失業率飆升而且生產超越需求的經濟衰退期間，分享工作確實有助於減輕打擊。[43]

解放女性？工時較短的國家在性別平等排名上總是名列前茅。核心問題在於對工作達成比較平等的分配。唯有在男性願意分擔煮飯、打掃以及其他家務事的情況下，女性才能夠全心全力參與整體社會的經濟活動。換句話說，女性的解放是一項男性問題。不過，這些改變不只取決於個別男性的選擇，法律也扮演了重要角色。瑞典是男性與女性的時間落差最小的國家，而那個國家也針對兒童托育和男性育嬰假實施了一套真正像樣的制度。

男性育嬰假尤其具有關鍵的重要性：男性只要在孩子出生後在家中待上幾個星期，日後就會投注更多的時間在妻兒身上以及廚房當中。而且，這種效應的持續時間——準備好了嗎？——**長達一輩子**。在挪威進行的研究也顯示，男性如果休過育嬰假，日後與妻子分擔洗衣工作的機率會增加百分之五十。[44] 加拿大的研究則顯示，休過育嬰假的男性會投注比較多的時間做家事以及照顧子女。[45] 男性育嬰假是個包裹了糖衣的良藥，具有真正為性別平等的奮鬥扭轉局勢的潛力。[46]

人口老化？越來越多的老年人口都希望在達到退休年齡後繼續工作。不過，在三十幾歲的青壯年人口被工作、家庭責任與房貸壓得喘不過氣來的同時，老年人卻難以獲得雇用，儘管工作對他們的健康具有絕佳的效益。因此，除了在兩性之間促進工作的公平分配之外，我們也必須讓工作分配於不同的世代。現在剛進入勞動市場的年輕工作人口很可能到了八十幾歲還是持續工作。在工作年限拉長的情況下，他們也許可以每週不要工作四十個小時，而是三十或甚至二十個小時。「我們在二十世紀發生了一次財富重分配，」一名頂尖的人口學家指出：「我相信這個世紀最重要的重分配，將會是在工時方面。」[47]

不平等？財富落差最嚴重的國家，正是工作時數最長的國家。在窮人為了餬口而必須把越來越多的時間投注於工作的同時，富人則是隨著時薪的提高而發現休假的「成本」

越來越高。

在十九世紀，富人通常不願捲起袖子工作。工作是農人的事情。工作越多的人越窮。不過，社會習俗後來就翻轉了。現在，超量的工作與壓力變成了地位象徵。哀嘆自己工作太多，經常是拐個彎炫耀自己是個重要而且有趣的人。屬於自己的時間總是被人與失業和懶惰畫上等號，在財富落差擴大的國家裡尤其如此。

成長陣痛

將近一百年前，我們的老朋友凱因斯提出了另一項難以置信的預測。凱因斯明白一九二九年的股災並未終結整個世界經濟。生產者供應的產品還是和前一年一樣多；只是對於許多產品的需求都已枯竭。「我們遭遇的不是老年的風溼病，」凱因斯寫道：「而是變遷過快所帶來的成長陣痛。」

超過八十年後，我們又面對了一模一樣的問題。我們不是窮，而是單純沒有足夠的有酬工作可以分配給所有人。不過，這其實是個好消息。

這表示我們可以開始準備因應可能是我們有史以來最大的挑戰：填補無窮無盡的休閒時間。當然，每週工作十五小時仍是個遙不可及的烏托邦。凱因斯預測指出，到了二〇三〇年，經濟學家只會扮演小角色，「就像牙醫一樣」。不過，這個夢想現在看起來卻是比以往都還要遙遠。經濟學家在媒體與政治領域裡都占有支配性的地位。此外，工時減少的夢想也遭到了踐踏。儘管壓力與失業現象在當今已激增到破記錄的程度，目前卻已幾乎找不到還願意支持縮短工時的政治人物。

然而，凱因斯並不是瘋了。在他那個時代，工時正在迅速減少，而他只是單純把始於一八五〇年左右的趨勢推展到未來而已。「當然，這一切都會逐漸發生，」他補充道：「而不是瞬間出現天翻地覆的改變。」想像一下，休閒革命如果在本世紀再度開始推進，將會產生什麼樣的後果。即便在經濟成長緩慢的情況下，我們這些豐饒之地的居民還是有可能在二〇五〇年前把每週工時減少到十五個小時以下，卻仍然賺取和二〇〇〇年相同的收入。[48]

我們如果確實能夠實現這一點，那麼現在就該開始預做準備了。

國家策略

我們首先必須問自己的問題是：這是我們要的嗎？

碰巧的是，民意調查者早已問過我們這個問題。我們的答案：是，我們非常想要，謝謝。我們甚至願意以珍貴的購買力換取更多的空閒時間。[49]不過，值得指出的一點是，工作與休閒的界線在近年來已變得模糊不清。現在，工作經常被視為一種嗜好，或甚至是個人認同的核心。在《有閒階級論》（*The Theory of the Leisure Class*，一八九九）這部經典著作裡，社會學家范伯倫（Thorstein Veblen）仍然把休閒時間描述為菁英階級的表徵。不過，以前被歸類為休閒的事物（藝術、運動、科學、照護、慈善）現在都被歸類成工作。

明顯可見，我們這個現代的豐饒之地仍然存在許多薪資低落的爛工作，而薪資高的工作卻又經常被視為不是特別有用。然而，此處的目標不是要呼籲終結工作。恰恰相反。我們現在應該為女性、窮人以及年長者賦予機會從事更多良好的工作，而不是更少。穩定而且有意義的工作在每個美好的人生當中都扮演了至關緊要的角色。[50]同樣的，強迫休閒——遭到解雇——也是一種災難。心理學家已經證實，長期失業對個人安康造成的衝擊，比離婚或者失去心愛對象還來得大。[51]時間能夠治癒一切傷口，除了失業以外。因為你賦閒越久，就會陷落得越深。

不過，不管工作在我們的人生中具有多高的重要性，世界各地的人口——從日本到美國——卻都渴望減少工時。[52]美國科學家曾對員工進行調查，詢問他們寧可獲得兩週的額外薪水還是兩週的休假，結果選擇後者的人數是前者的兩倍。英國的研究者也曾詢問員工希望贏得樂透還是減少工作時數，結果選擇後者的人數一樣是前者的兩倍。[53]

一切證據都顯示我們不能沒有相當程度的每日失業時光。縮短工時可讓我們把心智頻寬投注於其他對我們而言也同樣重要的事物，例如家庭、社區參與以及娛樂消遣。每週工時最少的國家，也是擁有最多志工與社會資本的國家，這點並非巧合。

所以，既然已經知道我們想要減少工作，那麼第二個問題就是：我們可以怎麼做到這一點？

我們不可能要所有人直接把每週的工作時數改為二十或三十個小時。首先必須把減少工作重新樹立為一項政治理想。接著，我們可以一步步減少工時，以金錢換取時間，把更多錢投資於教育，發展更有彈性的退休制度，並且建立良好的男性育嬰假與兒童托育體制。

這一切都必須從翻轉誘因做起。在當前的制度下，一名員工加班工作對雇主造成的成本，比雇用兩名兼職員工還低。[54] 這是因為許多勞動成本，例如醫療福利，都是以人頭計算而不是以時數計算。[55] 此外，這也是為什麼我們無法個人單方面決定減少工作。我們如果這麼做，就可能會喪失地位、錯過職涯機會，最終還可能徹底失去我們的工作。而且，員工也會互相注意別人的工作情形：誰在辦公桌前坐得最久？誰的上班時間最長？在一天的結尾，幾乎在每一間辦公室裡都可以看見精疲力竭的員工坐在座位上，漫無目標地瀏覽著陌生人的臉書檔案，等著別人先起身下班。

這種惡性循環必須由集體行動打破——由公司著手，若能夠由國家更好。

美好的生活

在我撰寫這本書的過程中，每當我對別人說我正在探究本世紀最大的挑戰，對方都會立刻產生好奇。我寫的題目是什麼？恐怖主義？氣候變遷？第三次世界大戰？

但我只要開始談起休閒的議題，他們的失望就不免溢於言表。「這樣不是會每個人都黏在電視前面嗎？」

我不禁聯想起十九世紀那些冷峻的教士與推銷員，他們認為平民大眾絕對承擔不起投票權，或者像樣的工資，尤其是休閒時間，因此他們支持每週七十小時的工時，認定唯有如此才能有效對抗酒精的誘惑力。但反諷的是，在工作過度的工業城市裡，才真正有越來越多人抱著酒瓶尋求慰藉。

如今我們雖然生活在一個不同的時代，但問題仍然一樣：在工作過度的國家裡，例如日本、土耳其，當然還有美國，一般人看電視的時間都多得荒謬。美國人看電視的時間多達一天五小時，一輩子加總起來相當於九年的時間。美國兒童看電視的時間是上學時間的一倍半。[56]

不過，真正的休閒不是奢侈也不是罪惡。休閒對我們的大腦不可或缺，就像維他命C對我們的身體不可或缺一樣。世界上絕對不會有一個人在臨死之時想著：「我要是在辦公室裡多待幾小時，或是多看點電視就好了。」當然，身處於大量的空閒時間當中不會是一件容易的事情。二十一世紀的教育不只應該教導人對於進入職場做好準備，更重要的是應該教導人對於充實的生活做好準備。哲學家羅素在一九三二年寫道：「以後的人在空閒時間當中不再是疲累不已，因此他們不會只要求消極乏味的娛樂。」[57]

只要我們願意投注時間，絕對承擔得起美好的生活。

只有找不到更好的事情可以做的人，才會訴諸工作的慰藉。

——王爾德

7 為什麼紐約的人都想當清潔隊員

一九六八年二月二日黎明，濃霧籠罩著市政府公園（City Hall Park）。[1] 七千名紐約市的清潔隊員懷著抗爭的心情，聚集在一起。工會發言人德魯利（John Delury）站在一輛卡車的車斗上向群眾發言。他宣布市長拒絕進一步退讓之後，群眾的憤怒情緒隨即達到沸點。隨著第一顆臭雞蛋從他頭上飛過，德魯利意識到妥協的時機已經過去，該是採取違法途徑的時候了——這條途徑對於清潔隊員而言向來都是禁止通行，而且原因很簡單，因為他們的工作太過重要。

該是罷工的時候了。

第二天，大蘋果全市各地的垃圾都沒人清運。紐約市的清潔隊員幾乎全都待在家裡。「我們一直都不受尊重，而我以前從來沒有注意到這一點，」當地一份報紙引述了一名清潔隊員的話：「但我現在注意到了，大家根本不把我們當一回事。」

市長在兩天後出外勘查狀況，紐約市的垃圾已經堆到膝蓋那麼高，而且每天都會增加一萬噸。一股惡臭開始瀰漫於街道上，甚至連市內最奢華的地區都開始有老鼠出沒。才短短幾天，這座全世界最負盛名的城市就已經顯得有如貧民窟。自從一九三一年的小兒麻痺大流行以來，市政當局首度再次宣布進入緊急狀態。

然而，市長還是拒絕讓步。當地的新聞媒體也站在市長這一邊，而把罷工人員描繪成貪婪的自戀者。過了一個星期，大家才逐漸體認到：清潔隊員將會獲勝。「紐約在他們面前無能為力，」《紐約時報》的編輯絕望地宣告道：「這座偉大的城市必須投降，不然就只能淹沒在髒亂裡。」罷工九天後，在垃圾累積了十萬噸的情況下，清潔隊員終於遂其所願。「紐約最近這次陷入混亂的事件教導了我們這一點，」《時代》雜誌後來報導指出：「就是罷工確實值得。」[2]

平白致富

也許，但不是每一個行業都是如此。

舉例而言，如果華府的十萬名遊說者全部在明天罷工，[3] 或者曼哈頓的每一名稅務會計師都決定待在家裡，結果會怎麼樣？在這種情況下，市長顯然不太可能會宣布進入緊急狀態。實際上，這兩種情境都不太可能會造成多少傷害。如果是社群媒體顧問、電話銷售員或者高頻交易員發動罷工，恐怕連登上新聞的機會都沒有。

不過，清潔隊員可就不是這麼一回事了。不論從哪個角度看，他們的工作對我們而言都是不可或缺。而且另一句聽起來逆耳的實話是，現在有越來越多人都是從事對我們而言無關緊要的工作。那些人如果突然停止工作，世界也不會變窮、變醜，或者在任何面向上變糟。例如那些光鮮亮麗的華爾街交易員，靠著犧牲別人的退休基金填滿自己的口袋。又如那些精明狡詐的律師，可以把一場企業訴訟拖到天長地久。又如那些妙筆生花的廣告文案寫手，能夠想出年度最響亮的口號，從而擊垮競爭對手。

這些工作不是**創造**財富，只是**轉移**財富而已。

當然，創造財富與轉移財富之間並沒有明確的界線。許多工作都同時具有這兩種效果。無可否認，金融部門確實能夠對我們的財富有所貢獻，並且促進其他部門順利運行。銀行能夠分散風險，並以聰明的點子為人提供資助。然而，現在的銀行已經成長得太大，以致所做的事情就是單純把財富移來移去，甚至加以摧毀。銀行部門的爆炸性擴張沒有把餅做大，只是把他們分給自己的分量變大了。[4]

或者以法律業為例。法治無疑是國家繁榮不可或缺的條件，但現在美國的人均律師人數是日本的十七倍，美國法治的有效程度也有因此達到日本的十七倍嗎？[5] 還是說美國人民受到的保護是日本人的十七倍？差遠了。有些律師事務所甚至習於收購產品專利，但不是因為他們想要生產那些產品，而只是用來控告別人侵權。

奇怪的是，薪水最高的工作正是那些移轉金錢的工作——儘管那些工作創造的具體價值微乎其微。這是一種奇特而且矛盾的狀態。造就繁榮的使者——例如教師、員警、護士——怎麼可能領取那麼低的薪水，而那些多餘、不重要、甚至有害的財富**移轉者**卻能夠賺取那麼高的收入？

在那個閒散仍是先天權利的時代

歷史也許能夠為這個謎團提供一些解答。

直到幾百年前，幾乎所有人都是務農謀生。因此，只有富裕的上層階級能夠遊手好閒，靠著他們的私有資產過活，並且四處發動戰爭——這些嗜好都不會創造財富，頂多只是移轉財富，或甚至摧毀財富。任何一個血統純正的貴族都對這種生活方式深感自豪，只見這種生活方式為幸運的極少數賦予了犧牲別人以填滿自身口袋的世襲權利。工作？那是農民的事。

在工業革命前的那個時代，農民如果發動罷工將足以癱瘓整個經濟。現在，所有的圖表都顯示一切已經變了。當今的農業在經濟當中似乎只具有邊緣地位。實際上，美國的金融部門規模是農業部門的七倍。

所以，這是不是表示如果農民發動罷工，造成的影響會比不上銀行員發動的抵制活動呢？（剛好相反。）此外，農業生產在近數十年來不是大幅增長了嗎？（確實如此。）

那麼，農民的收入是不是達到了史上新高呢？（可惜沒有。）

原因是，世事的邏輯在市場經濟裡正好相反。供給越大，價格越低。這正是問題所在。過去幾十年來，糧食供給已大幅飆增。二〇一〇年，美國的乳牛生產的牛奶量是一九七〇年的兩倍。[6]同時間，小麥的產量也增加一倍，番茄則是增加了兩倍。農業發展得越好，我們願意為其付出的價錢越低。現在，我們桌上食物的價格已經低廉得無以復加。

而這也正是經濟進步的重點所在。隨著我們的農場與工廠越來越有效率，它們在經濟中所占的份額也越來越小。農業與製造業的生產力越高，雇用的人員也就越少。另一方面，這樣的改變則是在服務部門裡產生了更多的工作。然而，我們在這個充滿了諮商師、會計師、程式設計師、顧問、仲介與律師的新世界裡，如果要獲得工作，首先必須取得適當的學歷與證照。

這樣的發展造就了無與倫比的財富。

但反諷的是，這樣的發展也創造了一套制度，導致有越來越多人可以在不為社會貢獻任何具體價值的情況下大賺其錢。我們可以稱之為進步的矛盾：在這個豐饒之地，我們越是富有，越是聰明，就越是無關緊要。

銀行員罷工

「銀行關閉。」

一九七〇年五月四日，《愛爾蘭獨立報》（*Irish Independent*）刊登了這則啟示。愛爾蘭的銀行員工在工資跟不上通膨腳步的情況下，經過漫長卻終究徒勞無功的協商之後，決定發動罷工。

一夕之間，該國百分之八十五的準備金都因此無法動用。由於各種跡象顯示，這場罷工可能會持續一段時間，愛爾蘭全國的企業因此紛紛開始囤積現金。罷工進行兩週後，《愛爾蘭時報》（*Irish Times*）報導指出，該國的七千名銀行員已有半數訂了飛往倫敦的機票，打算到那裡找尋其他工作。

一開始，評論家都預測愛爾蘭的生活將會停滯。首先，現金供給將會枯竭，接著交易活動將陷入癱瘓，然後失業現象將會徹底失控。一名經濟學家這麼描述當時的擔憂：「想像一下你體內所有的血管要是突然收縮堵塞會有什麼樣的後果，然後你就大概可以了解經濟學家是怎麼看待銀行業中止運作的情形。」[7]在一九七〇年夏季初始，愛爾蘭已準備迎接最糟的狀況。

然而，接下來卻發生了一件令人費解的事情。或者，說得精確一點，其實是什麼都沒有發生。

七月，倫敦的《泰晤士報》報導指出：「目前可得的數字與趨勢顯示，這場罷工截至目前為止並未對經濟造成負面影響。」幾個月後，愛爾蘭中央銀行提出了最後的結論：「在主要清算銀行關閉的情況下，愛爾蘭經濟仍然持續運作了很長一段時間。」不僅如此，經濟還繼續成長。

最後，這場罷工總共持續了整整六個月——是紐約市清潔隊員罷工的二十倍之久。不過，大西洋對岸的市政府在罷工六天後就宣布進入緊急狀態，愛爾蘭在銀行員工罷工六個月之後卻還是一切如常。「我對銀行罷工沒什麼記憶的主要原因，」一名愛爾蘭記者在二〇一三年省思道：「就是那場罷工對日常生活沒有造成嚴重衝擊。」[8]

可是沒有了銀行，他們怎麼有錢可用？

很簡單：愛爾蘭人開始發行自己的現金。銀行關閉之後，他們繼續和往常一樣互相寫支票給對方，唯一的差別是他們無法把支票拿到銀行去兌現。這時候，另一個流動資產的交易者——愛爾蘭的酒吧——挺身填補了此一空缺。當時愛爾蘭人到當地酒吧喝一杯的頻率仍然至少是一週三次，因此所有人——尤其是酒保——都相當清楚哪些人可以信任。「那些零售門市與酒吧的店長對於他們的顧客都握有高度的資訊，」經濟學家墨菲（Antoin Murphy）解釋道：「畢竟，你為一個人斟酒斟了幾年之後，不可能對他的流動資源一無所知。」[9]

銀行關閉之後，民眾立刻就建構了一套極度分散式的金錢體系，以愛爾蘭全國的一萬一千家酒吧做為關鍵節點，其中的潛在機制則是基本的信任。等到銀行終於在十一月再度開張，愛爾蘭已印發了多達五十億英鎊的自製貨幣。有些支票由公司開立，有些則是寫在雪茄盒的底部，或甚至在衛生紙上。史學家指出，愛爾蘭對於銀行關閉的狀況之所以能夠因應得那麼好，全是因為社會凝聚力。

所以，真的什麼問題都沒有嗎？

不是，當然不可能完全沒問題。例如有個人藉著貸款買了一匹賽馬，然後在他的馬得到第一名之後，用他贏得的賭金償還債務——基本上，就是拿別人的錢去賭博。[10] 這種做法聽起來就像是當今的銀行所做的事情，只是規模比較小而已。此外，在罷工期間，愛爾蘭的公司也比較難以為大型投資取得資金。實際上，由眾人開始從事ＤＩＹ銀行活動的這項事實，即可明白看出他們不可能沒有金融部門。

不過，他們**可以**完全不需要的東西，則是那些欺詐手段、所有的高風險投機、閃亮的摩天高樓，以及利用納稅人的錢所支付的高額獎金。作者暨經濟學家哈克（Umair Haque）臆測指出：「說不定，只是說不定，銀行需要一般人遠遠超過一般人需要銀行。」[11]

另一種形式的課稅

這與兩年前發生在三千英里遠的另外那場罷工是多麼鮮明的對比。紐約人滿懷絕望地看著他們的城市淪為一座垃圾場，愛爾蘭人卻是成了他們自己的銀行員。紐約在短短六天後就墜入深淵，但愛爾蘭在六個月後卻還是一切平順。

不過，必須清楚指出的一點是，要在不創造任何有價值的事物的情況下賺錢可是一點都不容易。這麼做需要天分、野心與才智。銀行界也確實充滿了聰明人。「傑出投機性投資者的天才之處，就是能夠看見別人看不見的東西，或是比別人更早看見，」經濟學家布特爾（Roger Bootle）說明指出：「這是一種技藝。不過，只用一隻腳踮著腳尖站立，並且在頭上頂著一壺茶而不潑灑出來，同樣也是一種技藝。」[12]

換句話說，困難的事情不表示一定有價值。

近數十年來，那些聰明人打造出了各式各樣的複雜金融商品，這些商品並不創造財富，反倒摧毀了財富。這些商品基本上就像是對其他人口課徵的稅捐。你以為他們那些訂製套裝、寬敞豪宅以及奢華遊艇是誰付的錢？銀行從業人員本身如果沒有創造價值，那麼那些價值必然來自別的地方——或是別人。政府不是唯一的財富重分配者。金融部門也是，但沒有經過民主的授權。

重點是，財富可以**集中**於某個地方，但這不表示財富也是**創造**於那裡。昔日的封建地主和當今的高盛（Goldman Sachs）執行長全都一個樣。唯一的差別是，銀行從業人員有時候會一時忘情，誤認為自己是這一切財富的創造者。當初靠著農民的勞力過活而對此自豪不已的地主則沒有這種幻想。

垃圾工作

想想看，事情其實可以完全不同。

相信讀者還記得，經濟學家凱因斯曾經預測指出，到了二〇三〇年，我們所有人一週都只會工作十五個小時，[13]而且我們將會享有破表的繁榮，也會用一大部分的財富換取休閒時間。

實際上卻完全不是這麼一回事。我們現在享有的繁榮已超出他預測的程度，但我們卻沒有優游在一片休閒時間的汪洋大海裡。恰恰相反。現在我們所有人都工作得比以往還要勤奮。在前一章裡，我描述了我們如何把自己的空閒時間獻祭於消費主義的祭壇上。凱因斯確實沒有預見到這種情形。

不過，有一點還是說不通。大多數人都沒有參與生產繽紛多彩的 iPhone 保護殼、含有植物萃取物的異國風情洗髮精，或是摩卡可可碎片星冰樂。我們的消費成癮症主要是因為機器人以及第三世界的工資奴隸而得以實現。農業與製造業的生產能力雖然在過去幾十年來出現了指數性的成長，這些產業的雇用人數卻反倒下滑。所以，我們工作過度的生活方式真的全都可以歸因於失控的消費主義嗎？

倫敦經濟學院的人類學家格雷伯（David Graeber）認為另外還有別的因素。幾年前，他寫了一篇引人入勝的文章，不是把問題歸咎在我們購買的物品上，而是我們的工作。

那篇文章的標題取得相當適切，叫作〈論垃圾工作現象〉（On the Phenomenon of Bullshit Jobs）。[14]

根據格雷伯的分析，無數的人都把一生投注於他們自己認為毫無意義的工作，例如擔任電話銷售員、人資管理員、社群媒體策略家、公關顧問，以及醫院、大學與政府機關當中的各種行政職務。格雷伯把這些工作全都稱為「垃圾工作」。即便是從事這些工作的人，也承認這些工作其實是多餘的。

我當初第一次寫了一篇文章探討這個現象，結果引發了一小波告白潮。「我個人其實比較想做點真正有用的事情，」一名證券經紀人回應道：「可是我承擔不起薪水減少的後果。」他也提及自己「有個才智過人的同學，讀到了物理博士」，現在負責研發癌症偵測科技，可是「賺的錢遠比我少，實在令人難過」。當然，你的工作就算剛好有助於一項重要的公共利益，而且需要大量的才華、智力與堅忍，也不表示你就一定能夠賺進大筆金錢。

反過來說也一樣。高薪垃圾工作的大量出現，正好就是高等教育和知識經濟興盛發展的時候，這難道會是巧合嗎？別忘了，想要不創造任何有價值的事物而賺錢可不是一件容易的事情。首先，你必須記住一些聽起來非常重要但其實毫無意義的專業術語（如果要參與策略性的跨部門同儕間會議，針對網路社會的附加價值共創進行腦力激盪，這點就非常重要）。收垃圾幾乎什麼人都可以做，但只有極少數的菁英才能夠在銀行界闖出一番事業。

在這個越來越富裕的世界裡，既然乳牛生產的牛奶比以往多，機器人製造的物品也比以往多，因此我們應當有更多的餘暇可以投注在朋友、家人、社區服務、科學、藝術、體育以及其他一切為人生賦予意義的事物上。不過，垃圾一樣也有更多的存在空間。只要我們繼續執迷於工作、工作以及更多的工作（儘管有用的活動已越來越自動化或者外包），那些多餘的工作只會持續變得越來越多；就像已開發世界的經理人數量雖在過去三十年來一再成長，卻沒有使我們變得富裕一些。相反的，研究顯示經理人比較多的國家，在生產力與創新方面的表現都比較**低落**。[15]《哈佛商業評論》（*Harvard Business Review*）針對一萬兩千名專業人士進行調查，結果半數表示，他們覺得自己的工作毫無「意義以及重要性」，對於自己所屬公司的使命無法感到共鳴的人數也一樣多。[16]近來另一項調查顯示，英國有高達百分之三十七的工作人口認為自己從事的是垃圾工作。17

這些服務部門的新工作絕不可能完全毫無意義——遠非如此。看看醫療、教育、消防與警察，你就會看到有許多人雖然薪水不高，卻心知自己每天的工作都有助於這個世界變得更加美好。格雷伯寫道：「這種感覺就像是有人對他們說：你們得以擁有真正的工作呢！而你們竟然還想要求中產階級的退休金與醫療保險？」

不同的道路

這一切之所以特別令人震驚，原因是這種現象竟然發生在資本主義體制裡。畢竟，這種體制乃是奠基在效率和生產力這類資本主義價值上。政治人物雖然不斷強調政府瘦身的必要性，對於垃圾工作持續增加的現象卻大致上都保持沉默。由此造成的後果，就是政府一方面在醫療、教育和基礎建設等部門當中裁減有用的工作——從而導致失業——

另一方面卻又投資數以百萬計的資金在訓練與監控的失業產業裡，儘管這個產業早已一再被證實缺乏效果。[18]

現代市場對於實用性、品質與創新也一樣毫無興趣。真正重要的是利潤。有時候，這種心態會促成絕佳的貢獻，有時候則不是如此。從電話銷售員到稅務顧問，創造一個接一個的垃圾工作有一項堅實的理由：你可以不生產任何東西就賺取一大筆財富。

在這種情況下，不平等只會導致問題更加惡化。財富越是集中於頂端，就越是需要企業律師、遊說者與高頻交易員。畢竟，需求不會存在於真空裡；這是持續不斷協商的結果，取決於國家的法律和制度，當然也取決於掌管開支的人。

由此或許也能夠看出，在過去三十年來這段不平等情形迅速惡化的時期裡，創新為什麼沒有充分達到我們的期待。「我們想要飛行車輛，結果得到的卻是一次發文限制一百四十個字元的推特，」自稱為矽谷常駐知識分子的提爾（Peter Thiel）嘲諷道。[19] 戰後時期帶來了許多美妙的發明，例如洗衣機、冰箱、太空梭以及避孕藥，但近年來我們得到的卻是大同小異的手機，只是每年稍微有所改進而已。

實際上，現在不創新已經越來越有利可圖。想想看我們已經錯失了多少的進步契機，原因是數以千計的傑出人才都把時間花在設計超級複雜的金融商品，結果那些商品終究只具有毀滅性。又有多少人才把他們的人生精華投注在複製既有的藥品，只是其中存在微乎其微的差異，因此可讓聰明的律師申請新專利，再由才華洋溢的公關部門發動一場全新的行銷活動，促銷這種其實一點都不新的藥物。

想像一下，這一切的才智如果不是投注在**移轉**財富，而是**創造**財富，將會造就出什麼樣的成果。誰曉得呢？說不定我們早就已經有了噴射背包，建造了水下城市，或者已經發現了治療癌症的方法。

許久以前，恩格斯描述了他那個時代的勞動階級——所謂的「普羅大眾」——所陷入的「虛假意識」。恩格斯指出，十九世紀的工廠工人之所以沒有起而反抗地主菁英階級，原因是他們的世界觀遭到了宗教與民族主義所蒙蔽。今天的社會恐怕也是陷在類似的泥淖裡，只不過這一次的受害者是金字塔頂端的人口。說不定那個群體當中有些人的視野遭到了薪資條上的龐大數字、可觀的紅利以及豐厚的退休金所蒙蔽。也許肥大的錢包同樣會引發類似的虛假意識：只因為你賺得非常多，就以為自己創造了極有價值的事物。

無論如何，世事絕對沒有必要是當前這個模樣。我們的經濟、稅制以及大學都可以徹底改造，而讓真正的創新與創意能夠獲得應有的報酬。「我們不必耐心等待緩慢的文化改變，」特立獨行的經濟學家鮑莫爾在超過二十年前宣稱道。[20]我們不必等到拿別人的錢賭博不再有利可圖，不必等到清潔隊員、警察與護士獲得像樣的工資，不必等到數學天才再度開始夢想著在火星上建立殖民地而不只是成立自己的避險基金。

我們可以朝著一個不同的世界邁出步伐，而且我們可以從稅制著手，因為這類步伐經常都是由此起步。即便是烏托邦，也需要稅務條款。舉例而言，我們可以實施交易稅以約束金融產業。一九七〇年，美國股票的平均持有時間仍有五年之久；四十年後，只有短短五天。[21]我們如果課徵交易稅——每次買賣股票就必須支付一筆費用——那麼那些對社會價值幾乎毫無貢獻的高頻交易員就無法再藉由轉瞬間買賣金融資產而獲利。實際上，我們將可省下許多助長金融部門惡行的無謂開支。例如二〇一二年為了加快倫敦與紐約的金融市場之間的傳輸速度而鋪設的光纖纜線。支出費用：三億美元。因此節省的時間：總共只有五．二毫秒。

更重要的是，這些稅收將會讓我們所有人都更加富裕。這些稅收不只能夠讓每個人分到的餅比較平均，而且還能夠把餅做大。這麼一來，那些蜂擁而入華爾街的人才即可回頭擔任教師、發明家與工程師。

近數十年來發生的情形卻是恰恰相反。哈佛的一項研究發現，雷根時代的減稅促成了美國頂尖人才的大規模職業變更：從教師與工程師變成銀行員與會計師。一九七〇年，選擇投入研究生涯的哈佛畢業生是選擇踏入銀行業的兩倍之多；但在二十年後，此一比例卻翻轉了過來，受雇於金融業的哈佛畢業校友是選擇研究生涯的一倍半。

由此造成的後果，就是我們所有人都因此變得比較窮。根據估計，銀行每賺一美元，經濟鏈當中就有相當於六十美分的價值遭到摧毀。相反的，研究人員每賺一美元，就會為經濟注入至少五美元的價值——而且經常還遠多於此。[22] 以哈佛的科學行話來說，對高收入者提高稅率，將可「把富有才智的個人從導致負面外部性的職業，改配置於能夠造就正面外部性的職業」。

用白話來說：提高稅率將可促使更多人從事有用的工作。

趨勢觀察者

如果說對於更美好世界的追求應當從什麼地方展開，那麼那個地方就是學校教室。教育雖然可能助長了垃圾工作的現象，卻也是新式而具體的繁榮的一項來源。你如果針對最具影響力的職業列出一份清單，教師大概會排在前幾名。這不是因為教師會獲取金錢、權力或地位這類獎賞，而是因為教導的活動能夠形塑某種更為重大的事物——人類歷史的進程。

這麼說也許顯得有些誇大，但且舉一名普通的小學教師為例。連續四十年教導二十五名學童的班級，即是影響了一千名學童的人生。不僅如此，那名教師還是在那些孩童最具可塑性的年齡對他們加以引導。畢竟，他們還只是兒童。那名教師不只幫他們替未來做好準備，也在此一過程中直接形塑了他們的未來。

因此，如果有一個地方可以讓我們進行干預而在將來對社會產生效益，那個地方就是學校教室。

然而，這種情形卻幾乎不曾發生。教育當中的所有重大辯論都是關於形式，關於傳達方式，關於教學法。教育總是被呈現為一種適應手段——有如一種潤滑劑，能夠幫助你在人生中比較輕鬆地滑行而過。在教育研討會上，無數的趨勢觀察者都對未來與二十一世紀不可或缺的技能提出預言，其中的流行語包括「創意」、「適應」以及「彈性」。

談到教育，焦點總是放在能力而不是價值觀上，在教學法而不是理想上，在「問題解決能力」而不是哪些問題需要解決上。那些討論總是圍繞著這個問題：今天的學生需要哪些知識與技能，才能在明天的就業市場——也就是二〇三〇年的市場——獲得雇用？

但這是個錯誤的問題。

到了二〇三〇年，不受良心困擾的精明會計師也許會受到高度需求。當前的趨勢如果持續不變，盧森堡、荷蘭與瑞士這類國家將會成為更大的避稅天堂，可讓跨國公司更加有效避稅，於是開發中國家得到的利益也就越少。教育的目標如果是要跟著這類趨勢走，而不是加以翻轉，那麼自私自利必然是二十一世紀的典型技能。不是因為法律或市場或科技的要求，而純粹是因為這顯然是我們偏好的賺錢方式。

因此，我們應該提出一個全然不同的問題：我們**希望**我們的子孫在二〇三〇年擁有哪些知識與技能？這麼一來，我們就不會把焦點放在預測與適應，而是會放在引導與創造。與其納悶著我們**需要**做些什麼才能在這項或那項垃圾工作當中賺錢餬口，不如思考一下自己究竟**想要**怎麼謀生。這是趨勢觀察者無法回答的問題。他們怎麼可能回答得了？他們只會追隨趨勢，不會創造趨勢。創造趨勢必須由我們自己來。

要回答這個問題，我們必須檢視我們自己以及我們個人的理想。我們想要什麼？是更多的時間陪伴朋友或家人？還是從事志願工作、藝術，或者體育活動？未來的教育不只得幫助我們為就業市場做好準備，而且也必須在更根本的層面上幫助我們為人生做好準備。我們要不要約束金融部門？如果要的話，那麼我們也許應該為初露頭角的經濟學家提供一些哲學與道德的教導。我們是不是要促進不同種族、性別與社經群體的團結？

那就從社會科的課堂著手吧。

我們如果依據我們的新理想而重構教育，就業市場就會隨之跟進。想像一下，我們如果在學校課程裡納入更多的藝術、歷史與哲學，那麼藝術家、史學家與哲學家受到的需求必定會增加。這就像是凱因斯在一九三〇年所夢想的二〇三〇年。繁榮的增長——以及工作的越來越趨自動化——終究將可促使我們「對目標的重視高於手段，對於善的偏好也甚於實用性」。縮短工時的目的不是要讓我們所有人無所事事，而是要讓我們能夠把更多時間投注於對我們而言真正有意義的事物。

歸根結蒂，決定什麼東西真正具有價值的不是市場或科技，而是社會。我們如果希望在這個世紀裡讓所有人都變得更加富裕，就必須擺脫一切工作都具有意義的教條。在這同時，我們也應該揚棄一項謬見，也就是薪資高低即是社會價值的反映。

這麼一來，我們也許就可以體認到，在價值創造方面，身為銀行從業人員實在是得不償失。

五十年後的紐約市

在那場罷工的半個世紀後，大蘋果似乎學到了教訓。「在紐約市，所有人都想當清潔隊員，」最近的一則報紙標題寫道。現在，為這座巨型城市收拾垃圾的人員所賺取的薪水引人歆羨。擔任清潔隊員五年後的收入，加上加班費及其他津貼，可以高達七萬美元。「他們是保持城市運轉的力量，」一名清潔局發言人在那篇報導文章裡指出：「他們要是停止工作，不管時間多短，整座紐約市都會因此停擺。」[23]

那份報紙也訪問了一名紐約市清潔局的員工。二〇〇六年，二十歲的約瑟夫・勒曼（Joseph Lerman）接到市府打來的電話，通知他獲得錄取成為清潔隊員。「我覺得好像中了樂透一樣，」他回憶道。現在，勒曼每天清晨四點起床收垃圾，輪班時間最長可達十二個小時。在其他紐約市民眼中，他因為這項工作而領取高薪乃是天經地義。市府發言人微笑著表示：「老實說，這群人員之所以被稱為紐約市的英雄，不是沒有原因的。」

未來的目標是充分失業，好讓我們盡情玩耍。

——亞瑟・克拉克（Arthur C. Clarke，一九一七—二〇〇八）

8 第二次機器時代的進步果實

這不會是第一次。在二十世紀初始，機器就已經導致一項歷史悠久的職業遭到淘汰。在英格蘭，這種職業在一九〇一年還有超過一百萬名從業者，但在短短幾十年後就已幾乎徹底消失。[1]機動車輛對那門職業的收入蠶食鯨吞，直到那些從業者連自己的飼料都買不起為止。

我指的自然是馱馬。

豐饒之地的居民絕對也有充分的理由為自己的工作感到擔憂，原因是各種機器人都發展得極為快速，包括駕駛機器人、閱讀機器人、口語機器人、書寫機器人，還有最重要的計算機器人。「人類扮演最重要生產要素的角色，其重要性終將逐漸降低，」諾貝爾獎得主李昂鐵夫（Wassily Leontief）在一九八三年寫道：「就像拖拉機出現之後，馬匹在農業中的重要性就逐漸降低，而終究徹底消失。」[2]

機器人。這項科技發展已成為主張縮短工時以及實施全民基本收入的有力論點。實際上，如果目前的趨勢持續不變，我們實際上就只剩下另一個選項：結構性失業與日益成長的不平等。「機器……是個賊，將會竊取千百人的權益，」一個名叫利德比特（William Leadbeater）的英國工匠在一八三〇年哈德斯菲爾（Huddersfield）的一場會議上抨擊道：「我們將會看到機器毀了這個國家。」[3]

這種現象首先從我們的薪水開始。在美國，上班族的實質薪資中位數在一九六九至二〇〇九年間**減少**了百分之十四。[4]從德國到日本的其他已開發國家，大多數職業的工資成長也都陷入了停滯，儘管生產力不斷持續增長。這種現象的主要原因很簡單：勞動力已越來越不稀有。科技進展導致豐饒之地的居民必須和世界各地的數十億勞工直接競爭，也必須和機器競爭。

明顯可見，人和馬兒不一樣。你能教給一匹馬的東西就只有那麼多，但人卻是能夠學習並且成長。因此，我們才會把更多錢投注於教育，然後為知識經濟喝采。

不過，還是有一個問題。即便是牆上掛著裱框證書的人士，也有理由感到擔心。利德比特在自己從事的工作當中技術相當精湛，卻還是在一八三〇年遭到機械化織布機取代。重點不在於他有沒有受過教育，而是他的技能突然間變成了多餘的東西。這是越來越多人都將會面臨的情形。「我敢說，最後整個宇宙都會遭到摧毀，」利德比特警告道。

歡迎加入與機器的競賽。

晶片與貨櫃

一九六五年春季，深富影響力的技師、後來也成為英特爾共同創辦人的高登·摩爾（Gordon Moore），收到《電子雜誌》（*Electronics Magazine*）寄來的一封信，請他為該雜誌的三十五週年撰寫一篇文章探討電腦晶片的未來。在那個時候，即便是最先進的原型晶片也只有三十個電晶體。電晶體是電腦的基本元件，而那時的電晶體很大，電腦速度很慢。

於是，摩爾開始蒐集一些數字，結果發現了一件令他訝異的事情。自從一九五九年以來，晶片上的電晶體數量每年都增加一倍。他因此不禁開始思考：這個趨勢要是持續下去會怎麼樣？他不安地理解到，到了一九七五年，晶片上將會有多達六萬個電晶體。不久之後，電腦的計算能力就可能比所有最聰明的大學數學家全部合起來都還要強！[5]摩爾的文章標題說得很清楚：〈把越來越多的元件塞進積體電路裡〉。這些塞滿元件的晶片將會為我們帶來「各種美妙產品，例如家用電腦」以及「可攜式通訊器材」，甚至可能還有「汽車的自動控制器」。

摩爾知道自己這麼說其實是天馬行空的瞎猜。不過，在四十年後，世界最大的晶片生產商英特爾卻推出一項懸賞活動，願意為能夠找到當初那本《電子雜誌》的人提供一萬美元的獎金。當初的瞎猜後來成了歷史上的一項定律——也就是摩爾定律。

「有幾次，我都以為我們已經走到了發展的盡頭，」摩爾在二〇〇五年指出：「進步幅度將會逐漸減緩。」[6]但實際上卻絲毫不曾減緩，至少還沒有。二〇一三年，新推出的 Xbox One 電視遊樂器所使用的晶片，含有令人難以置信的五十億個電晶體。沒有人知道這種進展還會持續多久，但摩爾定律至今仍然維持不變。[7]

接著且來看看**貨櫃**。

如同電晶體在一九五〇年代晚期成為標準的資訊單元，貨櫃也在過去某個時間點成了運輸的標準單元。[8]一個鋼製的長方形箱子聽起來也許不像晶片與電腦那麼具有革命性，但請想想這一點：在貨櫃出現之前，貨品都是一一運上船隻、火車或者卡車。這一切的裝運、卸貨以及重新裝運可能導致一場運送旅途的每個階段都必須拖延幾天。

相較之下，貨櫃只需要裝卸一次就好。一九五六年四月，第一艘貨櫃船從紐約市出發航向休士頓。五十八個貨櫃在短短幾個小時內就搬上了岸，然後那艘船在一天後就又載著一整船的其他貨物啟航返程。在貨櫃發明之前，船隻在港口內可能必須停泊四到六天，在整趟航程中占了百分之五十的時間。幾年後，停泊時間只占了百分之十。

晶片與貨櫃的出現造成世界變小，只見商品、服務與資本在全球各地流通的速度越來越快。[9]科技與全球化一同發展，而且速度比以往都還要快。接著發生了一件事情——一件以前從來沒有人認為有可能的事情。

圖表十・摩爾定律

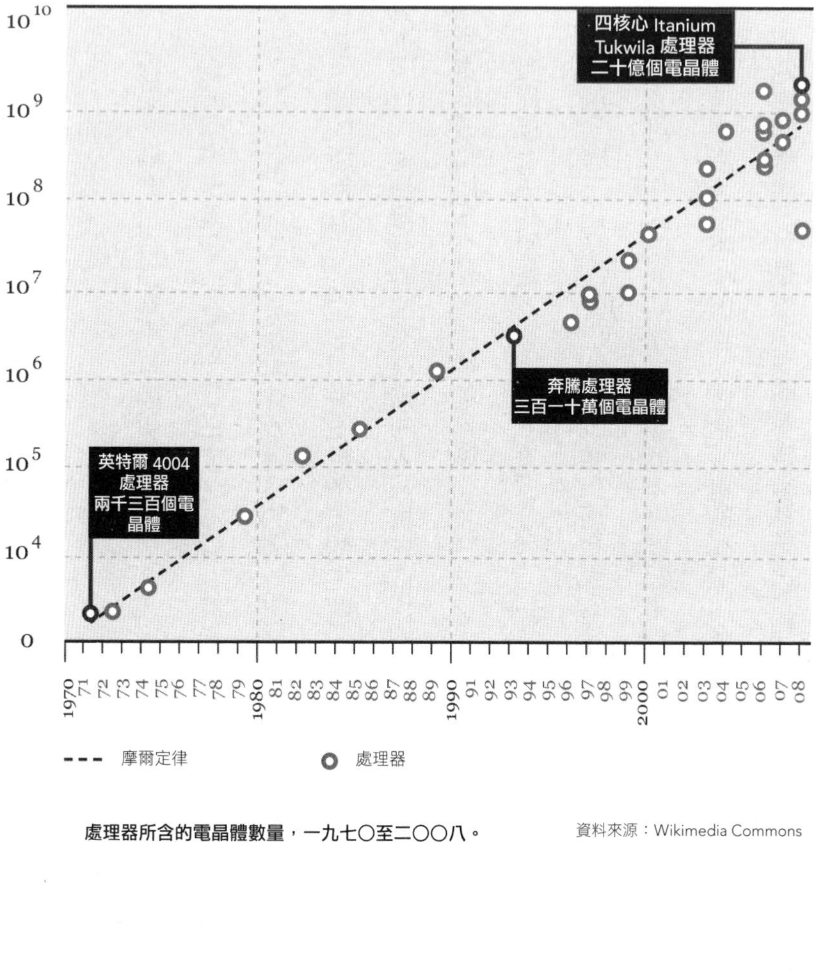

處理器所含的電晶體數量，一九七〇至二〇〇八。 資料來源：Wikimedia Commons

勞動VS資本

那是一件教科書指稱**不可能**發生的事情。

經濟學家卡爾多（Nicholas Kaldor）在一九五七年為經濟成長提出了六項著名的「事實」。第一項事實是：「勞動與資本獲得的國民所得份額長時間維持穩定。」所謂的穩定，就是全國的所得有三分之二用於支付勞工的工資，三分之一落入資本所有人的口袋——資本所有人就是擁有股票與機器的人。世世代代的年輕經濟學家都被灌輸了這種觀念：「資本與勞動比率不變。」就是這樣。

但實際上並非如此。

情況早在三十年前就已開始改變，而今天的工業化國家更是只有百分之五十八的財富用於支付工作人口的薪水。這樣的差別聽起來也許很小，但實際上卻是天搖地動的大變動。其中涉及了不少因素，包括工會的式微、金融部門的成長、資本稅的降低，以及亞洲強國的崛起。可是最重要的肇因是什麼？科技進展。[10]

圖十一．一罐能多益巧克力醬來自何處

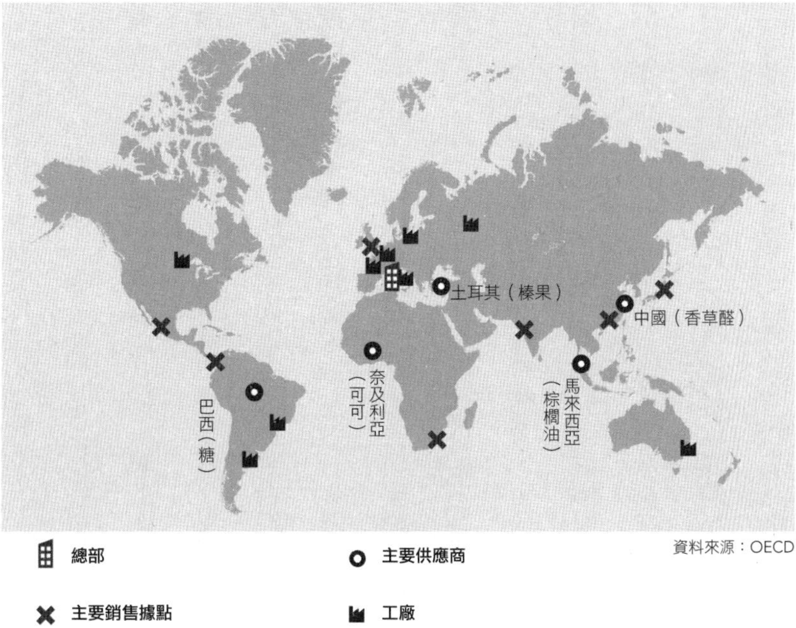

資料來源：OECD

舉 iPhone 為例。這是一件科技奇蹟，如果沒有晶片與貨櫃絕對無可想像。這支手機的零件分別製作於美國、義大利、台灣與日本，在中國組裝之後，再出貨到世界各地。或者以一罐平凡無奇的能多益（Nutella）巧克力醬為例。這個義大利品牌的商品製作於巴西、阿根廷、歐洲、澳洲與俄羅斯的工廠，使用的巧克力原料源自奈及利亞、棕櫚油來自馬來西亞、香草精來自中國、糖來自巴西。

我們也許生活在個人主義的時

代，但我們的社會卻從來沒有這麼相互依賴過。

這一切當中的一個大問題是：從中得利的是誰？矽谷的創新造成其他地方的大量裁員。以亞馬遜這類網路商店為例，線上銷售商的出現導致零售業裡消失了數以百萬計的就業機會。英國經濟學家馬歇爾早在十九世紀末就提及這種動態：世界越小，贏家越少。在他那個時代，馬歇爾觀察到生產平台鋼琴的寡占廠商越來越少。每鋪設一條新道路、挖通一條新運河，運輸成本就又進一步降低，使得鋼琴製造商越來越容易出口他們的產品。大型生產商因為擁有行銷實力與規模經濟，所以很快就打垮了小型的地方供應商。隨著世界進一步縮小，小型廠商於是紛紛被逐出了競爭行列。

同樣的這種過程也改變了體育、音樂與出版的面貌，現在這些領域也都只受到少數幾個重量級廠商所支配。在晶片、貨櫃與網路零售的時代裡，只要稍微優於其他競爭對手，就表示你不只一時占上風，而且能夠獲得長久的勝利。經濟學家把這種現象稱為「贏者全拿社會」。[11] 從受害於報稅軟體的小型會計事務所，乃至奮力對抗線上巨型商場的街角書店，在一個接一個的部門裡，大廠商都隨著世界縮小而擴張得越來越大。

到了現在，不平等現象在幾乎每個已開發國家都大幅膨脹。在美國，富人與窮人的落差早已比古羅馬更大——而古羅馬可是個建立在奴工基礎上的經濟體。[12] 在歐洲，貧富之間的差距也一樣日趨擴大。[13] 就連世界經濟論壇這個由創業者、政客與流行明星組成的團體，也把這種越來越嚴重的不平等現象描述為全球經濟面臨的最大威脅。

不可否認，這一切發生的速度非常快。在一九六四年，美國四家最大的公司平均都雇用了四十三萬名左右的員工；到了二〇一一年，儘管公司市值已是當初的兩倍，員工人數卻只剩下四分之一。[14] 或者，以柯達的悲慘命運為例：這家數位相機的發明廠商在一九八〇年代末期還雇用了十四萬五千人，卻在二〇一二年宣告破產；而當時只雇用了十三個人的免費線上行動照片服務 Instagram，則是以十億美元賣給了臉書。

實情是，打造一家成功企業所需要的人數越來越少，也就是說企業獲致成功後，因此得益的人也越來越少。

知識工作的自動化

艾西莫夫早在一九六四年就預測指出：「人類將會大致上成為一群機器照顧者。」結果，事實證明這項預測還稍嫌樂觀。現在，就連機器照顧者的工作都遭到了機器人的威脅。[15]套用經濟學家之間廣泛流傳的一個笑話：「未來的工廠只會有兩個員工，一個人和一條狗。人負責餵狗，狗負責阻止人觸碰設備。」[16]

到了現在，感到憂心的已不只是矽谷的趨勢觀察家以及科技預言家。牛津大學的學者估計指出，美國至少有百分之四十七的工作具有遭到機器取代的高度風險，歐洲則有百分之五十四。[17]而且，這不是一百年後的事情，而是在將來二十年內就會發生。「這種預測的熱切支持者與懷疑人士之間的唯一差別，只是時間的早晚而已，」紐約大學的一名教授指出：「可是一百年後，將不會有人在乎過程花了多少時間，只會在乎接下來發生的結果。」[18]

我承認，我們早就聽過這種說法了。員工擔憂自動化浪潮的興起已經有兩百年之久，

圖十二．美國的生產力與工作數，一九四七至二〇一一

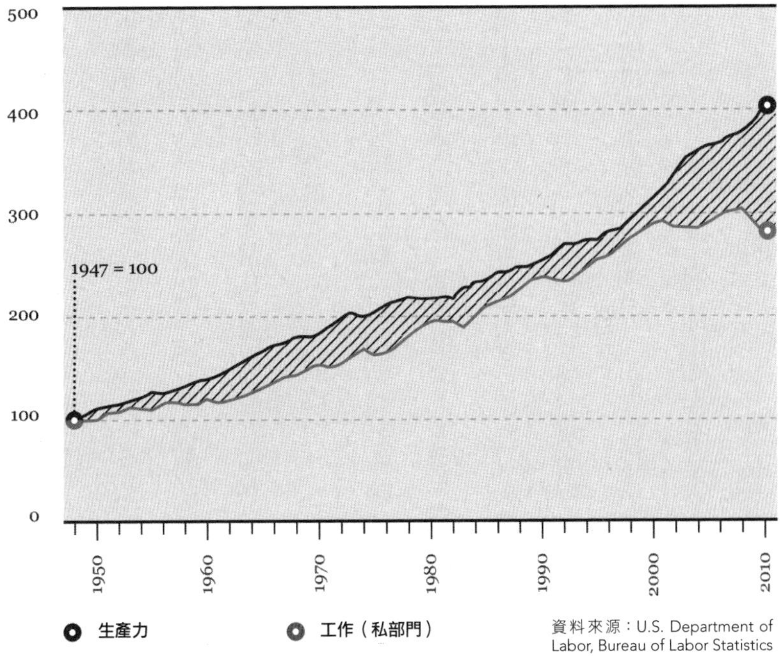

資料來源：U.S. Department of Labor, Bureau of Labor Statistics

而雇主在這兩百年來都一再安撫他們，指稱未來自然會出現新的工作取代那些因為自動化而消失的職務。畢竟，你如果回顧一八〇〇年，就會看到當時有百分之七十四的美國人口都是農民，而這個數字到了一九〇〇年已降至百分之三十一，到了二〇〇〇年更是只剩下百分之三。[19] 然而，這樣的變化並未導致大規模失業。另外，看看凱因斯在一九三〇年代撰文指稱，「科技性失業」的「新疾病」將在不久之後

登上新聞頭條；不過，在他於一九四六年去世之時，一切仍然顯得相當美好。

在一九五〇與六〇年代期間，美國汽車產業經歷了一波接一波的自動化，但工資與就業機會都持續穩定成長。一九六三年的一項研究證明指出，新科技雖然在一九五〇年代消滅了一千三百萬個工作，卻也創造了兩千萬個新工作。「與其對自動化的增長感到驚恐，我們反倒應當為這樣的發展加油打氣，」一名研究者指出。[20]

不過，那是一九六三年的事情。

在二十世紀期間，生產力與工作數的成長多少呈平行發展。人與機器一同前進。現在，隨著我們踏入一個新世紀，機器人突然加快了腳步。這種現象始於二〇〇〇年左右，兩名麻省理工學院經濟學家稱之為「大脫鉤」。「這是我們這個時代的一大矛盾，」其中一人指出：「生產力達到破記錄的程度，創新從來沒有這麼快過，但在這同時，我們的所得中位數卻呈現下滑，工作數也逐漸減少。」[21]

今天，新工作主要都集中在金字塔底端——在超市、速食連鎖店，以及養老院。這些是沒有受到威脅的工作，至少目前還沒有。

在人仍然重要的時代

一百年前，「computer」一詞指的不是電腦，而是像你我一樣的人。我不是開玩笑：在那個時候，「computer」只是一種工作職稱，指的是整天從事簡單計算工作的工人——大多數都是女性。不久之後，他們的差事即可由計算機負責，成了眾多遭到電腦取代的工作當中的第一個。

一九九〇年，科技預言家庫茲韋爾（Ray Kurzweil）預測指出，電腦將會在一九九八年打敗西洋棋王。當然，他猜錯了。深藍在一九九七年就打敗了傳奇西洋棋大師卡斯帕洛夫（Garry Kasparov）。當時世界最快的電腦是「ASCI Red」，由美國軍方研製而成，巔峰效能速度為每秒一兆次浮點運算。那部電腦占地達一座網球場大小，造價五千五百萬美元。十六年後，一部新的超級電腦在二〇一三年上市，效能輕易達到每秒兩兆次浮點運算，價格與當初那部電腦相比卻是微乎其微：這部新電腦就是PlayStation 4。

到了二〇一一年，電腦甚至已能夠上電視猜謎節目擔任參賽者。那一年，詹寧斯（Ken

Jennings）與盧特（Brad Rutter）這兩位冷知識界最傑出的人物，在猜謎節目《危險境地》（*Jeopardy!*）上與「華生」（Watson）鬥智。詹寧斯與盧特贏得的獎金已經累計超過三百萬美元，面對這個電腦對手卻毫無招架之力。華生的肚子裡塞進了兩億頁的資訊，包括一整套的維基百科，結果提出的正確答案比詹寧斯與盧特兩個人加起來還要多。「『猜謎節目參賽者』可能是第一個被華生淘汰的工作，」詹寧斯說：「但我敢說不會是最後一個。」[22]

新世代的機器人不只替代我們的肌肉力量，也能夠替代我們的心智能力。朋友們，歡迎來到第二次機器時代——那是這個充滿晶片與演算法的美麗新世界所受到的稱呼。第一次機器時代始於蘇格蘭發明家瓦特（James Watt），他在一七六五年散步的時候想到了提高蒸汽機效率的點子。由於那一天是星期日，因此信仰虔誠的瓦特必須等待一天，才能把他的構想付諸實現。不過，到了一七七六年，他已製造出一部機器，在短短六十分鐘內就能夠抽出礦坑裡六十英尺的水。[23]

在那個幾乎全世界所有人都仍然貧窮、飢餓、骯髒、害怕、愚笨、病弱而且醜陋的時代，科技發展的曲線就已開始向上彎曲，或者應該說是以將近九十度的角度飆升。在一八〇〇年，水力為英格蘭提供的能源是蒸汽的三倍，但在七十年後，英格蘭的蒸汽機所產生的動力已相當於四千萬名成年男性的力量。[24]機械動力已大幅取代了肌肉力量。

在兩百年後的今天，我們的大腦成了下一個被取代的對象。實際上，也早該是出現這項發展的時候了。「電腦時代四處可見，只有在生產力統計數據當中看不見，」經濟學家索洛（Bob Solow）在一九八七年表示。電腦早已能夠做出不少相當了不起的事情，但它們造成的經濟影響卻是微乎其微。如同蒸汽機，電腦也需要時間慢慢加速。或者，也可以比擬為電力：所有的重大科技創新都發生於一八七〇年代，但大多數的工廠卻是到了一九二〇年才真正改用電力。[25]

快轉到今天，晶片已做到了許多才十年前還認為不可能的事情。二〇〇四年，兩位著名的科學家寫了一個章節，標題意味深長地取為：「人為什麼仍然重要」。[26]他們的論點是什麼？駕駛車輛是一件永遠不可能自動化的工作。六年後，谷歌的機器人汽車已累積了一百萬英里的行駛里程。

未來學家庫茲韋爾深信到了二〇二九年，電腦就會和人一樣聰明。到了二〇四五年，電腦甚至可能比所有人類大腦合起來都還要聰明十億倍。根據科技預言家的說法，機器運算能力的指數型成長根本沒有極限。當然，庫茲韋爾雖是個天才，卻也是個瘋子。而且必須記住的一點是，運算能力與智力並不是同一回事。

但儘管如此，我們如果不把他的預測當一回事，就得自擔風險。畢竟，這不會是我們第一次低估指數型成長的力量了。

這次不一樣

此處的大問題是：我們該怎麼辦？未來會帶來哪些新工作？更重要的是，我們會想要從事那些新工作嗎？

像谷歌這類公司的員工當然會獲得良好的照顧，不但能夠享用美味的餐點與日常按摩，還有豐厚的薪水。不過，要在矽谷獲得雇用，必須要有高度的才智、野心和運氣。這就是經濟學家所謂的「勞動市場兩極化」的其中一面，也就是「爛工作」與「美好工作」之間日益拉大的落差。高度技術性與非技術性工作的比例雖然維持得頗為穩定，普通技術性工作的就業機會卻已逐漸減少。[27]現代民主的基石——中產階級——已緩慢陷入崩解。美國在此一進程中雖然居於領先地位，其他已開發國家卻也緊跟在後。[28]

在我們這個現代的豐饒之地，有部分人口甚至發現自己完全遭到了排擠，儘管他們身強體健，也滿心願意捲起袖子幹活。如同二十世紀初始的英國駄馬，他們不論工資多低都找不到願意雇用他們的雇主，因為亞洲與非洲的勞工或是機器人總是會比他們更便宜。儘管目前把工作低價外包至亞洲與非洲仍然經常是比較有效率的做法，[29]但那些國家的工資與科技水準一旦開始跟上，機器人就甚至也會在那裡勝出。歸根結蒂，外包只是一塊踏腳石而已。即便是越南與孟加拉的血汗工廠，終究也會邁向自動化。[30]

機器人不會生病，不需要休假，也從來不埋怨，但它們帶來的後果，如果是迫使大批人口從事薪資低落而且毫無發展前景的工作，那麼我們就是自討苦吃。英國經濟學家斯坦丁（Guy Standing）預測了「飄零族」（precariat）這種危險新族群的出現——一個人數迅速增加的社會階級，其中的成員都只能從事低工資的臨時工作，而且在政治上毫無發聲地位。他們的挫折聽起來就像是當初利德比特的困境，不禁令人毛骨悚然。當初害怕機器會摧毀他的國家乃至整個宇宙的這名英國工匠，就屬於這麼一個危險的階級，而他參與的運動則是為資本主義奠定了基礎。

他是一名盧德分子（Luddite）。

勞佛茲磨坊戰役

一八一二年四月十一日——約有一百至兩百名戴著面罩的男性聚集在哈德斯菲爾附近一片烏黑的土地上，位於英格蘭的曼徹斯特與里茲之間。他們圍著一根稱為「沉默尖塔」（Dumb Steeple）的石柱，所有人都全副武裝，帶著鐵鎚、斧頭與手槍。

他們的領導人是一名富有魅力的年輕佃農，名叫梅勒（George Mellor）。他高高舉起他的長管手槍給所有人看——有些人說那把槍是從俄國帶回來的。他們的目標是勞佛茲磨坊（Rawfolds Mill），一座由威廉．卡特萊特（William Cartwright）擁有的工廠。卡特萊特是一名富有的生意人，在不久之前剛引進一種新式的動力織布機，一部機器就能夠取代四名技術熟練的織布工。在那之後，這群自稱為約克郡盧德分子的蒙面男子就遭遇了失業激增的下場。

不過，有人在事前對卡特萊特通風報信。他召來了士兵，埋伏在工廠嚴陣以待。經過二十分鐘、一百四十枚子彈以及兩人死亡之後，梅勒與他的同伴被迫撤退。由遠至四英里外都可以看到的血跡判斷，共有數十人中彈。

兩週後，霍斯福爾（William Horsfall）這名對於勞佛茲磨坊遭到攻擊的事件深感憤怒的磨坊主人，從哈德斯菲爾騎馬到鄰近的馬斯登（Marsden）這座村莊，誓言將「血洗盧德分子」。但他不知道包括梅勒在內的四名盧德分子策劃了一場伏擊。霍斯福爾在中午前喪命，遭到一把俄國手槍發射的子彈擊斃。

接下來的幾個月，整個約克郡都展開武裝抗爭。由充滿活力的地方行政長官雷德克里夫（Joseph Radcliff）領導的一個委員會，奉命調查勞佛茲磨坊戰役與霍斯福爾被殺的案件。他們發動一場追捕行動。不久之後，沃克（Benjamin Walker）就向雷德克里夫自首——他是負責引誘霍斯福爾落入陷阱的其中一人，希望藉此自保並且領取官方承諾的兩千英鎊賞金。沃克指認了他的共犯有索伯（William Thorpe）、湯瑪斯．史密斯（Thomas Smith），以及他們的領袖梅勒。

不久之後，這三人就都遭到絞刑處死。

盧德分子是對的

「三名囚犯都沒有流下一滴眼淚，」《里茲信使報》（*Leeds Mercury*）在行刑次日報導指出。梅勒祈禱並且求神原諒他的罪，但沒有提及自己的盧德主義活動。叛徒沃克被饒了一命，但沒有拿到賞金。據說他後來在倫敦的街頭貧困以終。

兩百年後，勞佛茲磨坊早已不復存在，但附近仍有一座製繩廠，那裡的工人常說盧德分子的鬼魂會在夜裡徘徊於草地上。[31]他們說得沒錯，盧德主義確實至今陰魂不散。在第一次機器時代的初始，英格蘭中部與北部的紡織工人紛紛起而抗爭，以那場運動的傳說領袖奈德．盧德（Ned Ludd）為名，據說他在一七七九年於憤怒中砸毀了兩部織布機。由於工會遭到法律禁止，因此盧德分子採行了史學家霍布斯邦（Eric Hobsbawn）所謂的「暴動協商」。運動人士對一座座工廠發動攻擊，造成一連串毀壞的後果。

當然，利德比特這名勞工預測說，機器將會導致「整個宇宙遭到摧毀」也許不免有些誇大，但盧德分子的擔憂絕非沒有道理。他們的工資暴跌，就業機會也像風中的沙塵一樣消失無蹤。「那些就這麼失去工作的人，要怎麼供養他們的家人？」十八世紀末的里茲布料工人納悶道：「有些人說，去學習其他的行業呀。假設我們這麼做，那麼在我們從事這項艱難工作時，誰要來幫我們養家？我們一旦學會了別的行業之後，我們又怎麼知道這樣的努力會帶來更好的結果？畢竟……另一種機器說不定會出現，而奪走那一門行業。」[32]

在一八一一年前後臻於巔峰的盧德運動，後來遭到了殘暴鎮壓。超過一百人遭到絞刑處死。他們對機器宣戰，結果機器獲得了勝利。因此，這起事件通常都被視為進步過程中的一個小阻礙。畢竟，機器終究催生了許許多多的新工作，即便在二十世紀的人口爆炸之後，仍然有足夠的工作可供所有人從事。激進自由思想家潘恩（Thomas Paine）指出：「減少勞動的每部機器，對於我們所屬的這個大家庭而言都是一項福氣。」[33]

確實如此。「機器人」的英文詞語「robot」其實源自捷克語當中的「robota」，意為「辛勞工作」。人類創造機器人，就是為了做那些他們自己寧可不做的事情。「機器必須幫我們進入煤礦坑工作，」王爾德在一八九〇年興奮地指出。機器應該「擔任汽船的鍋爐工，應該負責清掃街道，在下雨天傳遞訊息，以及從事一切瑣碎或者勞苦的工作」。王爾德認為，古希臘人早就知道了一項令人不安的真理：奴隸是文明的必要條件。「世界的未來仰賴於機械奴隸，也就是對於機器的奴役。」[34]

不過，另外還有一件事情對我們這個世界的未來也同樣不可或缺，就是重分配的機制。我們必須設計一套制度，確保所有人都能夠獲益於這個第二次機器時代，一套不但獎勵贏家，也會補償輸家的制度。過去兩百年來，那套制度是勞動市場不斷產生新工作，從而把進步的成果分配給眾人。可是這種情形還能持續多久？如果說盧德分子的恐懼雖然出現得太早，卻終究預言了未來的發展呢？如果說我們大多數人在長期之下都注定會在與機器的競賽當中敗下陣來呢？

我們可以怎麼做？

補救辦法

根據許多經濟學家的說法，我們其實無能為力。趨勢明白可見。不平等現象將會越來越嚴重，一個人只要沒有學到機器無法精通的技能，就不免遭到淘汰。「讓高收入者對人生的幾乎每個面向都感到更愉快，將會是未來就業成長的一大來源，」美國經濟學家科文（Tyler Cowen）寫道。[35]下層階級雖然可能也享用得到廉價太陽能與免費無線區域網路，但他們與超級富豪之間的落差將會越來越大。

除此之外，即便在邊緣的村莊與城鎮越來越貧窮的情況下，富人與高教育程度者仍將繼續緊密合作。我們早已看見這種情形發生於歐洲，例如西班牙科技人士在阿姆斯特丹找工作比在馬德里還要容易，希臘工程師也紛紛遷往司圖加特與慕尼黑等城市。擁有大學學歷的人都和其他擁有大學學歷的人聚居在一起。在一九七〇年代，教育程度最高的美國城市在擁有學士學位的居民百分比上，比教育程度最低的城市高了十六個百分點。今天，此一差異已經增長了一倍。[36]如果說以前的人習於用身世評判別人，那麼現在的人就是以學位證書為判斷標準。只要機器沒辦法上大學，學位文憑帶來的報酬就會比以往都還要高。

所以，也就難怪我們的標準回應總是呼籲對教育投注更多資金。與其勝過機器，我們只能盡力跟上機器的腳步，畢竟，我們就是因為對中小學校與大學進行大量投資，才得以適應十九與二十世紀的科技狂潮。但話說回來，要為一個充滿農民的國家提升收入能力，本來就不需要花費多少力氣——只要為他們賦予讀寫與算術等基本能力即可。不過，要幫我們的子女為新世紀做好準備將會困難得多，更別提也會非常昂貴。伸手可及的果實早就被摘光了。

或者，我們也可以採取荷蘭西洋棋大師多納爾（Jan Hein Donner）的做法。有人問他面對電腦會採取什麼樣的策略，他毫不猶豫地回答：「我會帶一根鐵鎚。」選擇這條道路，就等於是追隨神聖羅馬帝國皇帝法蘭西斯二世（Francis II，一七六八—一八三五）的腳步，因為他當初拒絕興建工廠與鐵路。「不，不要，我完全不要那種東西，」他宣稱道：「否則革命恐怕會進入我們國家。」[37]由於他的抗拒，奧地利的列車直到進入十九世紀許久之後都還是由馬匹拉動。

我們如果想要繼續摘取進步的果實，就必須想出比較激進的解決方案。正如我們藉著在教育和福利方面進行革命而因應了第一次機器時代，第二次機器時代也一樣需要激烈的措施。就像是縮短每週工時以及實施全民基本收入這樣的措施。

資本主義的未來

今天的我們仍然很難想像有酬勞動在未來的社會裡有可能不是我們人生中最重要的事情。不過，無法想像一個與當下不同的世界，只是欠缺想像力的證明，而非事情不可能改變的證據。我們在一九五〇年代也無法想像冰箱、吸塵器，尤其是洗衣機的出現，將會促使女性以破記錄的人數湧入職場，但事實就這麼發生了。

儘管如此，決定歷史進程的不是科技本身。終究還是身為人的我們必須決定我們要怎麼形塑自己的命運。在美國逐漸成形的嚴重不平等情境，不是我們唯一的選項。另一個選擇是，在這個世紀裡，我們可以揚棄人必須工作謀生的信條。隨著社會越來越富裕，勞動市場分配繁榮的效果就會越來越低。我們如果要抓住科技帶來的好處，終究只有一個選項，也就是重分配。大規模的重分配。

這種重分配的對象包括金錢（基本收入）、時間（縮短每週工時）、課稅（資本稅而不是勞動稅），當然還有機器人。早在十九世紀，王爾德就已期待著未來有一天所有人都能夠受益於「屬於全人類」的聰明機器。[38]科技進展也許促進了整體社會的繁榮，但沒有任何經濟定律指出所有人都一定能夠雨露均霑。

不久之前，法國經濟學家皮凱提（Thomas Piketty）主張，我們如果繼續走在當前這樣的道路上，不久將會發現自己回到鍍金時代的食利社會，結果引來許多人氣憤不已。擁有資本（股票、房產、機器）的人所享有的生活水準遠高於單純努力工作的人。過去數百年來，資本報酬率都介於百分之四到五，而每年經濟成長率則只有不到百分之二。除非再度發生一場全面性的強大成長（不太可能）、對資本課徵高稅率（同樣機會渺茫），或是爆發第三次世界大戰（希望不會），否則不平等現象將會再度發展至令人害怕的程度。

所有的標準選項——更多的學校教育、更多管制、更多撙節——都只是杯水車薪。皮凱提教授指出，唯一的解決方案終究只有實施範圍遍及全世界的財富累進稅，儘管他承認這種想法只是個「有用的烏托邦」。然而，未來並非不可改變。綜觀人類歷史，邁向平等的進展總是擺脫不了政治。一項全人類共同進步的法律如果未能自然出現，那麼我們絕對沒有理由不能憑著自己的力量加以制定。實際上，這麼一種法律的欠缺很可能會危及自由市場本身。「我們必須從資本家手中拯救資本主義，」皮凱提下了這個結論。[39]

一九六〇年代的一段軼事充分呈現了這項矛盾。亨利．福特的孫子在當時帶著工會領袖華特．魯瑟（Walter Reuther）參觀公司新蓋的自動化工廠，並且開玩笑地問他：「華特，你要怎麼叫那些機器人繳你的工會會費？」魯瑟毫不遲疑地回答：「亨利，你要怎麼叫它們買你的車子？」

未來早已降臨——只是分配得不太平均而已。

——吉布森（William Gibson，一九四八—）

9

夢想三：如果可以扔掉護照和簽證

除此之外，還有那揮之不去的罪惡感。我們生活在豐饒之地，高談闊論著無償金錢與一週工作十五個小時的頹廢烏托邦，但世界其他地區卻仍有數以億計的人口過著一天只有一美元的生活。我們難道不該設法克服這個時代最大的一項挑戰：讓全球的所有人都享有豐饒之地的甜美果實嗎？

實際上，我們嘗試過。西方世界每年為外國發展援助投注了一千三百四十八億美元，相當於一個月一百一十二億美元，一秒四千兩百七十四美元。[1]過去五十年來，這樣的支出已累積達將近五兆美元。[2]聽起來很多嗎？不過，伊拉克與阿富汗的戰爭造成的花費也差不多是這個金額。[3]此外，也別忘了已開發國家補助國內農業的花費是外國援助的兩倍。[4]但無論如何，那還是一筆非常大的金額。老實說，五兆美元是個天文數字。

所以，我們接下來要問的就是：那些錢有沒有產生幫助？

而棘手的地方就在這裡。這個問題其實只有一個答案：沒人知道。

我們確實一無所知。相對而言，一九七〇年代是人道援助的高峰，但非洲當時的情況卻是糟糕至極。現在，我們削減了援助，情形反倒有所改善。這兩者之間有沒有關聯？誰知道呢？如果沒有樂團援助活動（Band Aid）和波諾（Bono），情況說不定會慘上一百倍。但也可能不會。根據世界銀行的一項研究，二十世紀的西方援助有百分之八十五的實際用途都和原意不同。[5]

所以，那一切都是徒勞無功嗎？

我們不知道。

當然，我們確實擁有的是各種經濟模型，能夠依據人是完全理性的動物這項假設而告訴我們人會採取什麼行為。我們有事後調查，能夠顯示一所學校、一座村莊或者一個國家在獲得一大堆資金之後出現了什麼樣的改變。我們有個案研究，針對產生了幫助（或者沒有）的援助敘述令人感動或者心痛的故事。此外，我們還有直覺感受。許許多多的直覺感受。

說起話來帶有濃厚法國口音的麻省理工學院教授杜芙若（Esther Duflo），把這一切關於發展援助的研究比擬為中世紀的放血療法。[6]這種一度相當普及的醫療做法，是把水蛭放在病患的靜脈上吸血，藉此促使病患的體液回復平衡。病患如果恢復健康，醫生就可以自吹自擂；病患如果死了，則顯然是上帝的旨意。那些醫生雖然用意良善，我們現在卻已知道放血的做法害死了數以百萬計的性命。即便在伏特（Alessandro Volta）發明了電池的一七九九年，美國總統華盛頓還是為了治療喉嚨痛而接受放血療法。兩天後，他就去世了。

換句話說，放血是一個治療手段比疾病更可怕的案例。問題是，發展援助是不是也是如此？杜芙若教授指出，這兩種治療方法確實共同具有一項關鍵特徵，就是欠缺基本的科學證據。

二〇〇三年，杜芙若協助創立了麻省理工學院的貧窮行動實驗室（Poverty Action

Lab），現在雇用的研究人員多達一百五十人，已在五十六個國家從事過五百項以上的研究。他們的研究徹底翻轉了發展援助的世界。

從前從前有個控制組

我們的故事始於以色列，在公元前七世紀前後。巴比倫國王尼布甲尼撒（Nebuchadnezzar）剛征服了耶路撒冷，命令他的太監長帶領幾名以色列貴族前來他的宮殿。那些貴族當中有一人名叫但以理，以信仰虔誠著稱。但以理抵達宮殿之後，請求太監長容許他不享用「王的膳，和王所飲的酒」，因為他和他的同伴都奉行宗教飲食。太監長對這項請求大吃一驚，而反駁指出：「我懼怕我主我王，他已經派定你們的飲食。倘若他見你們的面貌比你們同歲的少年人肌瘦，怎麼好呢？這樣，你們就使我的頭在王那裡難保。」

於是，但以理想出了一個計策：「求你試試僕人們十天，給我們素菜喫、白水喝，然後看看我們的面貌，和用王膳那少年人的面貌。就照你所看的待僕人罷。」太監長同意了。十天後，但以理和他的朋友們看起來比其他朝臣「更加俊美肥胖」，因此他們就不再受到供應王室的膳食與飲酒所限，而得以食用單純的素菜。**證明完畢。**

這是比較實驗在歷史上最早留下的書面記載，其中使用控制組驗證了一項假設。幾個世紀後，這起事件被收入史上最大的暢銷書：聖經（見〈但以理書〉第一章第一—十六節），而從此永垂不朽。不過，又過了幾百年後，這種比較研究方法才被視為科學的黃金標準。現在，我們把這種做法稱為隨機對照試驗（RCT）。你如果是醫學研究者，就會採取這樣的做法：利用一套抽籤系統，把患有同樣健康問題的人分為兩組。其中一組服用你想要測試的藥品，另一組則是服用安慰劑。[7]

在放血療法的例子裡，第一項比較實驗由法國醫師路易（Pierre Louis）發表於一八三六年。他對部分肺炎患者施以立刻放出幾品脫血液的療法，其他患者則是暫時不用水蛭幫他們放血。結果第一組病患有百分之四十四死亡，第二組則是百分之二十五。[8]基本上，路易醫師從事了史上第一次的臨床試驗，結果放血療法的效果看來並不可靠。

奇怪的是，外國發展援助卻是直到一九九八年才舉行了第一次隨機對照試驗。在路易醫師把放血療法掃進歷史的垃圾堆之後，又過了超過一百五十年，才有一位名叫克瑞瑪（Michael Kremer）的年輕美國教授想到調查免費教科書對肯亞小學生的影響。那些教科書的用處在於減少曠課現象並且提升考試成績——至少理論上是如此。許許多多的學術文獻都提出這項論點，世界銀行也在幾年前的一九九一年熱切推薦一項免費發放書本的計畫。[9]

只有一個小問題。先前的那些研究都沒有檢驗其他變數。

克瑞瑪一頭栽進了這項研究。他與一個人道組織合作，挑選了五十所學校，其中二十五所獲得免費教科書，另外二十五所則沒有。在那個通訊基礎設施匱乏、道路品質低落而且飢荒普遍可見的國家裡進行隨機對照試驗一點都不容易，但經過四年之後，他獲得了所需的資料。

免費教科書毫無效果。考試成績沒有因此改善。[10]

克瑞瑪的實驗是個里程碑。在那之後，就有一整門的隨機試驗產業圍繞著發展援助而興起，由一群暱稱為「隨機試驗派」的人士為首。這些研究者已經受夠了象牙塔學者對於非洲及其他地區貧苦民眾的需求所進行的直覺猜測、內心感覺以及意識型態爭辯。隨機試驗派要的是數字——不容置疑的數據，藉此證明哪些援助有效，哪些無效。

其中最主要的一位是誰呢？就是那位身材嬌小而且說起話來帶有濃厚法國口音的教授。

一堆錢和一項良好的計畫

不久之前，我還是個選修了發展援助課程的大學生。我們的指定讀物包括薩克斯（Jeffrey Sachs）與伊斯特利（William Easterly）的著作，他們兩人都是此一議題當中的首要思想家。二〇〇五年，薩克斯出版了一本書名為《終結貧窮》（*The End of Poverty*）的著作（流行巨星波諾還為這本書寫了序言），主張赤貧現象可在二〇二五年之前獲得徹底消除。只需要一堆錢和一項良好的計畫即可。不過請注意，是**他的**計畫。

伊斯特利的回應則是狠狠批評薩克斯的想法，指控他犯了後殖民時代那種不切實際的救世主式行善主義，並且主張要改變開發中國家就必須由下而上——也就是透過當地的民主，尤其是具有關鍵地位的市場。伊斯特利指出：「最好的計畫就是完全沒有計畫。」

回顧我當時的上課筆記，其中缺乏的一個名字就是杜芙若。這點並不特別令我感到意外，因為她總是與薩克斯還有伊斯特利這類姿態浮誇的學術界人物保持距離。簡單說，她的抱負就是要「消除決策過程中的盲目猜測」。[11]

以瘧疾為例。每年都有好幾十萬的兒童死於這種疾病，但我們只要生產、運送、發放以及教導民眾使用蚊帳，即可預防這種現象，而且如此提供蚊帳的成本只要一頂十美元。在二〇〇七年一篇標題為〈十美元的解決方案〉（The $10 Solution）的論文裡，薩克斯寫道：「我們應該動員紅十字會的龐大志工為非洲各地數以萬計的村莊發放蚊帳，並且在各個村莊提供使用訓練。」

在伊斯特利眼中看來，這一切會導致什麼樣的後果明顯可見。薩克斯和他的好夥伴波諾將會舉辦一場慈善演唱會，募得幾百萬美元，而把幾千頂蚊帳投入非洲各地。然後，當地的蚊帳零售商就會紛紛倒閉，而多餘的蚊帳在不久之後就會被人當成魚網或者新娘頭紗。在薩克斯這位救世主的活動結束之後，等到免費贈送的蚊帳開始老舊破損，死於瘧疾的兒童就會比以往都還要多。

聽起來合理嗎？確實相當合理。

不過，杜芙若對於推銷理論或者**聽起來**合理的說法沒有興趣。如果想要知道免費贈送蚊帳還是販賣蚊帳的做法會比較好，當然可以坐在椅子上憑空思索到臉色發青……要不然就是出去實地進行研究。劍橋大學的兩名學者決定這麼做。他們在肯亞舉行隨機對照試驗，為一群人提供免費蚊帳，另一群人則只是獲得購買蚊帳的折扣。民眾一旦必須自費購買蚊帳，蚊帳銷售量隨即崩跌；在一頂三美元的價位下，只有不到百分之二十的民眾購買了蚊帳。相對的，獲得免費蚊帳的那一組則是幾乎所有人都欣然接受。更重要的是，不論蚊帳是不是免費提供，那些蚊帳有百分之九十都以預定的方式使用。[12]

還不只如此。一年後，試驗參與者獲得提供購買另一頂蚊帳的選項，這次一頂要價兩美元。讀過伊斯特利著作的人必定都會預期那些「免費」群體內的民眾將會不願付費，原因是他們已經被免費提供蚊帳的做法寵壞了。這樣的理論聽起來相當合理。不幸的是，這項理論欠缺了一項關鍵要素：證據。事實證明那些獲得免費蚊帳的民眾，購買另一頂蚊帳的意願比當初花了三美元購買蚊帳的人高了一倍。

「人不會習於接受施捨，」杜芙若簡潔扼要地指出：「他們只會習於使用蚊帳。」

奇蹟似的方法？

這種做法可以說是看待經濟學的一種全新方式。隨機試驗派不以模型進行思考，他們不相信人是理性的行為者。相反的，他們假設我們是不切實際的動物，有時愚蠢，有時精明，在不同的情況下可能會分別有害怕、博愛與自我中心的表現。而這種做法產生的結果顯然好得多。

既然如此，我們為什麼花了那麼久的時間才想到要這麼做？這個嘛，有幾個原因。在貧困國家從事隨機對照試驗很困難，需要花費許多時間，而且代價昂貴。地方組織經常不願合作，其中一大原因就是他們擔心研究結果會證明他們成效不彰。以微型信貸為例。發展援助趨勢來來去去，從「良好治理」到「教育」乃至本世紀初那注定難以成功的「微型信貸」。微型信貸的真相同樣受到我們的老朋友杜芙若所揭穿。她在印度海德拉巴（Hyderabad）從事了一項致命的隨機對照試驗，結果顯示微型信貸雖然有許多令人感動的小故事，卻沒有堅實的證據證明這種做法能夠有效對抗貧窮與疾病。[13] 贈送現金的效果遠勝於微型信貸。實際上，現金發放可能是受到最廣泛研究的抗貧做法。全球各地的隨機對照試驗都顯示，不論就長期或短期而言，也不論規模大小，現金移轉都是一種極度成功而且有效率的工具。[14]

儘管如此，隨機對照試驗並非萬靈丹。不是所有東西都可以受到衡量。此外，研究結果也不一定能夠擴大推論。誰敢說發放免費教科書的做法在肯亞西部和孟加拉北部會有相同的效果？不僅如此，也還有道德問題必須考慮。假設在一場自然災害過後，你的研究為半數受害者提供援助，卻對另外半數袖手不理。就道德上而言，這麼做至少必須說是相當不妥。不過，這項反對理由在結構性發展援助當中並不成立。反正本來就不可能有足夠的錢能夠解決所有問題，所以最好的方法就是採取看來有效的做法。這種情形就像是新藥品一樣：新的藥物絕對不可能沒有經過測試就直接上市。

或者以學校出席率為例。每個人對於該怎麼提高學校出席率似乎都有不同的想法。我們應該提供免費制服，提供學費信貸，提供免費餐點，裝設馬桶，提高大眾對於教育價值的認知，雇用更多教師，如此等等不一而足。這些建議聽起來全都非常合理。不過，多虧了隨機對照試驗，我們現在已知道一百美元的免費餐點可促成就學時間延長二・八年——是免費制服的三倍。談到經過證實有效的做法，為腸道不適的兒童驅除腸內寄生蟲已證明能夠延長就學時間二・九年，投資金額卻是低得難以置信，只需提供成本十美元的治療。沒有一個扶手椅哲學家有可能預測得到這一點，但自從這項結果發表之後，已有數百萬的兒童獲得了驅蟲治療。

實際上，沒有什麼直覺猜測禁得起隨機對照試驗的檢驗。傳統經濟學家必定會說窮人會願意自行接受驅蟲治療，原因是治療的效益明顯可見——還有人類天生的理性。不過，這是一種謬見。幾年前，杜芙若在《紐約客》（*New Yorker*）雜誌的一篇文章裡講述了一則廣為人知的笑話，說有個經濟學家在地上看見一張一百美元的鈔票。身為理性的他，沒把那張鈔票撿起來，原因是那張鈔票怎麼有可能不是假鈔？

在杜芙若這樣的隨機試驗派眼中看來，人行道上就掉滿了這樣的一百美元鈔票。

三個「I」

現在，該是消除杜芙若所謂的發展援助的三個「I」的時候了。這三個「I」就是「Ideology」（意識型態）、「Ignorance」（無知）以及「Inertia」（惰性）。「我沒有太多預設立場，」她在幾年前的一場訪談中表示：「我堅持的只有一個立場，就是人應該對事物進行評估。我從來不會對評估結果感到不滿意。我還沒有看過我不喜歡的結果。」[15]許多自命造福世界的人士都可以學習她這種態度。杜芙若示範了如何把遠大理想與對於知識的渴望結合起來，以及如何保有理想但不至於落入意識型態的陷阱。

但儘管如此。

儘管如此，發展援助不論多麼有效，終究都只是杯水車薪。重大的難題，例如怎麼架構一個民主政體或是國家需要什麼條件才能夠繁榮，都無法從隨機對照試驗當中獲得答案，更遑論丟些錢就想加以解決。執迷於那一大堆聰明的研究，即是忘了最有效的抗貧措施其實發生在經濟食物鏈的其他地方。經合組織估計指出，貧窮國家因為逃稅而損失的金額，是他們獲得的外援的三倍。[16]舉例而言，遏阻避稅天堂的措施所帶來的效益，就可能遠高於各種用意良善的援助方案。

我們甚至可以從事更大規模的思考。假設有一項單一措施能夠消除全球各地的貧窮現象，把非洲的每個人都提升到西方的貧窮線以上，並且在這個過程中也為**我們**自己多賺進幾個月的薪水。想像一下，我們會不會採取這樣的措施？

不，當然不會。畢竟，這項措施早已存在許多年了。這是一項最佳的計畫，卻從來沒有實行過。

我說的是開放國界。

不只是對香蕉、衍生性金融商品與iPhone開放國界，而是對所有人都如此——不論是知識工作者、難民，還是追尋更好生活的一般人。

當然，我們現在已經從許多慘痛的教訓中得知，經濟學家不是鐵口神算（經濟學家加爾布雷斯曾經嘲諷說，經濟預測的目的只是要美化占星學的形象），但他們在這一點上的觀點卻是一致得令人吃驚。四項不同的研究顯示，依據全球勞動市場的流動程度，「世界生產毛額」因為開放國界而出現的成長幅度估計將介於百分之六十七至一百四十七。[17]也就是說，開放國界將會促使全世界的富裕程度增加一倍。

紐約大學一名研究者因此論斷指出，我們目前根本是把「上兆美元的鈔票丟在人行道上」。[18]威斯康辛大學的一位經濟學家計算指出，開放國界將可讓安哥拉尋常百姓的年所得增加一萬美元左右，奈及利亞人則是兩萬兩千美元。[19]

所以，何必為了發展援助的那點麵包屑——杜芙若口中的一百美元鈔票——爭辯不休？我們其實大可敞開豐饒之地的大門呀！

六五〇〇〇〇〇〇〇〇〇〇〇〇元

就計畫而言，這項計畫聽來有點異想天開。但話說回來，世界各地的國界在一百年前還與開放無異。「護照唯一的用處就是給老實人製造困擾，」凡爾納（Jules Verne）的小說《環遊世界八十天》（*Around the World in 80 Days*，一八七四）當中的偵探對蘇伊士運河上的英國領事這麼說。書中主角菲利斯．福格要求領事幫他蓋章，結果對方回答：「你知道簽證毫無用處，而且護照也沒有必要嗎？」

在第一次世界大戰前夕，國界主要只是地圖上的線條而已。護照極為少見，而發放護照的國家（例如俄羅斯與鄂圖曼帝國）則是被視為不文明。此外，火車這項十九世紀的科技奇蹟也顯然即將徹底消除國界。

接著，戰爭爆發，於是各國紛紛把國界封鎖起來，一方面為了把間諜阻擋在外，另一方面也是為了把戰爭動員工作所需的人力全部保留在國內。在一九二〇年巴黎的一場研討會上，國際社群首度針對護照的使用達成協議。現在，如果有人想跟隨菲利斯・福格的腳步，將必須申請數十份簽證，通過數以百計的安全檢查站，並且接受數不清的搜身盤查。在這個「全球化」的時代，全世界卻只有百分之三的人口居住在出生國以外。

奇怪的是，這個世界對一切事物都是全然開放，就只有對人不是。商品、服務與牲畜都穿梭於全球各地。資訊自由流通，維基百科的內容可由三百種語言呈現，而且還在不斷增加中。此外，美國國家安全局也能夠輕易監看德州的約翰在他的智慧型手機上玩著哪些遊戲。

當然，我們還是有少數貿易壁壘。舉例而言，歐洲對口香糖課徵關稅（每公斤一・二〇歐元），美國則是對進口活羊課稅（一頭〇・六八美元）。[20]不過，我們要是取消這些壁壘，全球經濟也只會成長少少的幾個百分點而已。[21]國際貨幣基金指出，消除現存對於資本的管制，頂多只會產生六百五十億美元的效益。[22]「這只是零錢而已，」哈佛經濟學家普里切特（Lant Pritchett）說。對勞動力開放國界所產生的財富提振效果將會高出許多——**高出一千倍**。

以數字表示：$65,000,000,000,000，也就是六十五兆美元。

國界歧視

當然，經濟成長不是萬靈丹，可是在豐饒之地的大門外，經濟成長仍是進步的主要驅動力。在偏遠地區，仍有無可計數的嘴巴需要餵飽、兒童需要教育、住宅需要興建。

道德考量也支持開放國界。假設德州的約翰因為飢餓而瀕臨死亡邊緣。他向我討些食物，但我拒絕幫助他。約翰如果死了，算是我的錯嗎？當然，我可以說我只是**任由他**死亡——雖然稱不上有愛心，卻也不能算是謀殺。

接下來，假設約翰沒有向我乞討食物，而是到市場去，在那裡發現有許多人都願意以商品換取他能夠從事的工作。不過，這次我卻雇用了幾個全副武裝的彪形大漢擋住他的去路。結果，約翰就在幾天後挨餓而死。

這麼一來，我還可以主張自己對他的死是無辜的嗎？

約翰的故事就是我們當今這種「除了勞動力以外一切都行」的全球化。[23] 好幾十億的人口都因為國界的阻礙，被迫只能以遠遠低於豐饒之地的價錢出賣他們的勞動力。國界是世界歷史上最大的歧視肇因。一國人口之間的不平等差距，和不同國家的全球公民之間的不平等差距比較起來，可說是微不足道。今天，最富有的百分之八賺取了全世界所得的一半，[24] 最富有的百分之一更是擁有所有財富的一半以上。[25] 最窮的十億人口只占所有消費當中的百分之一，最富裕的十億人口則是占了百分之七十二。[26]

從國際角度來看，豐饒之地的居民不只富有，而且是富得流油。美國一個生活在貧窮線上的國民，屬於全世界前百分之十四的富裕人口；在美國賺取中位數工資的國民，富裕程度更在全世界人口中屬於前百分之四。[27] 在最頂端的富裕人口中，這種比較的扭

圖表十三‧哪些國家最富裕？

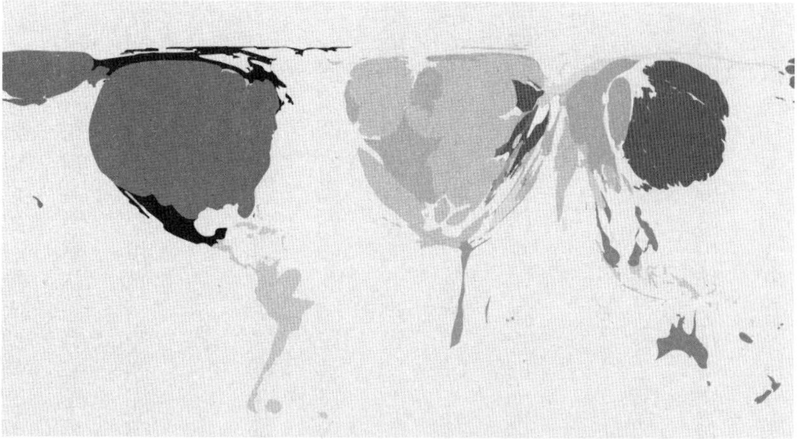

這幅地圖顯示了哪些國家的人均國內生產毛額最高。地圖上面積越大的國家越富有。

資料來源：Sasi Group, University of Sheffield, 2005

曲情形更是驚人。二〇〇九年，在信貸緊縮日趨嚴重之際，高盛投資銀行發放的員工紅利等於全世界最貧窮的兩億兩千四百萬人口的收入總和。[28] 此外，以富裕程度排序，全球最富有的八個人所擁有的財富就與全世界**後半**人口的財富全部加總起來一樣多。[29]

沒錯，僅僅八個人就比三十五億人口加起來還要富有。

我們的地點紅利

難怪數以百萬計的人口都要前來豐饒之地叩門。在已開發國家，雇主都預期員工具備彈性。你如果想要有一份工作，就必須跟著錢走。然而，擁有超高彈性的勞動力一旦從開發中國家湧向我們，我們卻突然把他們視為白吃白喝的經濟不速之客。在尋求庇護的人士當中，只有因為宗教信仰或出身背景而可能在祖國遭到迫害的人能夠留下來。

只要認真想一想，就會發現這是多麼詭異的事情。

以一個索馬利亞的幼兒為例。她在五歲前死亡的機率是百分之二十。接著比較看看：美國的前線士兵在南北戰爭期間的死亡率是百分之六．七，在第二次世界大戰是百分之一．八，在越戰則是百分之〇．五。[30]然而，只要那個索馬利亞幼兒的母親不是「真正」的難民，我們就會毫不猶豫地把那個幼兒送回她原本的國家，送回索馬利亞的兒童死亡前線。

在十九世紀，不平等還是階級問題；今天，不平等已是地點問題。「全世界的勞工，團結起來吧！」這句話是在全球各地的窮人都多多少少同樣悲慘的時代所提出的抗爭口號。但在今天，如同世界銀行首席經濟學家米拉諾維奇（Branko Milanovic）所說的：「無

圖表十四．哪個國家有最多兒童死亡？

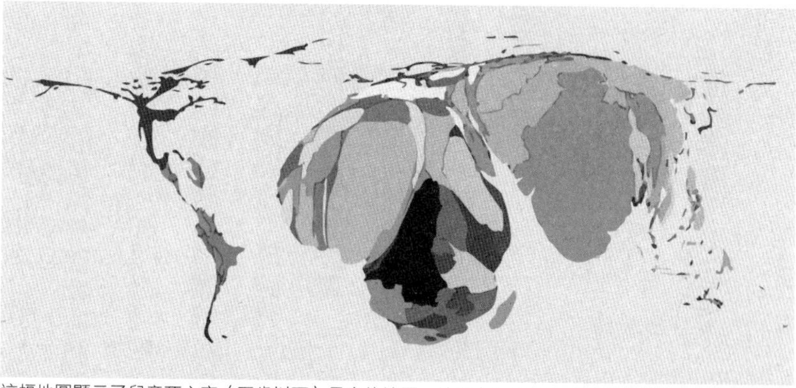

這幅地圖顯示了兒童死亡率（五歲以下）最高的地區。地圖上面積越大的國家，兒童死亡率越高。

資料來源：Sasi Group（University of Sheffield）and Mark Newman（University of Michigan）, 2012

產階級的團結後來之所以銷聲匿跡，單純就是因為所謂的全球無產階級已經不復存在。」[31]在豐饒之地，貧窮線比科凱恩以外的野地裡高了十七倍。[32]相較於世界上最貧窮的人口，就算是美國的食物券受濟者也過著有如皇室般的生活。

儘管如此，我們卻還是把主要的憤慨保留給發生在我們本國國界裡的不公義現象。我們對於男女同工不同酬感到憤怒，也對美國白人的薪資高於美國黑人感到憤怒。然而，即便是一九三〇年代高達百分之一百五十的種族收入差距，和我們的國界所造成的不公義現象相比，也只是小巫見大巫。在美國居住以及工作的墨西哥公民，收入比住在墨西哥的同胞高出一倍。一個美國人和一個玻利維亞人如果從事相同的工作，就算他們兩人技術程度、年齡與性別都相同，前者的收入仍然將近是後者的三倍。如果是美國人與奈及利亞人比較，差距更是高達八・五倍——而且這還是依據兩國的購買力調整之後的結果。[33]

「美國國界對於固有生產力相同的勞工的工資所造成的影響，比起有史以來衡量過的任何形式的工資歧視（不論是性別、種族還是文化族群）都還要大，」三名經濟學家指出。這是一種全球規模的種族隔離。在二十一世紀，真正的菁英不是取決於出生在哪個家庭或者階級，而是出生在哪個國家。[34]然而，這些現代菁英卻極少意識到自己有多麼幸運。

推翻謬論

相較於擴大外來移民機會，杜芙若的驅蟲療法就像是扮家家酒一樣。開放我們的國界，就算只是一小縫，也絕對是我們在對抗貧窮這場全球奮戰當中最強而有力的武器。

可惜的是，這個觀念一再遭到相同的錯誤論點所阻擋。

（一）他們都是恐怖分子

你如果常看新聞，那麼也就難怪你會有這樣的想法。由於新聞的內容是今天發生的事情（**新聞快報：巴黎發生恐怖攻擊事件**）而不是每天發生的事情（**新聞快報：世界溫度上升了攝氏〇・〇〇〇〇五度**），因此許多人都認為恐怖主義是我們面臨的最大威脅。然而，在一九七五至二〇一五年間，每年在美國遭到外國人或外來移民攻擊而死的機率，只有三百六十萬九千七百零九分之一。在這段四十一年的期間當中，有三十年完全都沒有人死於這樣的攻擊事件，而且除了九一一恐怖攻擊造成兩千九百八十三人喪生之外，這段期間只有四十一個人遭到出生於外國的恐怖分子殺害，平均一年一個人。[35]

華威大學（University of Warwick）針對一百四十五個國家之間的移民流動所進行的

新研究顯示，移民其實與恐怖行動的**減少**具有關聯。「移民一旦從一個國家遷徙到另一個國家，就會為那個國家帶來新的技術、知識與觀點，」研究主筆寫道：「我們如果認定經濟發展與極端主義的減少有關，那麼我們就應該預期移民也會有正面影響。」[36]

（二）他們都是罪犯

資料顯示並非如此。事實證明，在美國展開新生活的移民，不但違法行為比當地人少，入獄坐牢的頻率也比較低。儘管非法移民的人數在一九九〇至二〇一三年間增加兩倍而超過了一千一百萬人，犯罪率卻大幅下降。[37] 英國也是如此：幾年前，倫敦經濟學院的研究者指出，受到大量東歐移民湧入的地區，犯罪率也大幅下滑。[38]

那麼，外來移民的子女又如何呢？在美國，他們踏上犯罪道路的機率一樣低於本地人。不過，在歐洲卻是另一回事。以我的祖國荷蘭為例，摩洛哥移民的子女比較常犯法。當然，這時我們必須問的問題是：為什麼？長久以來，這個問題都因為政治正確的要求而一直無法受到研究。但在二〇〇四年，族群與少年犯罪之間的關係終於在鹿特丹首次受到長期研究。十年後，結果出來了。證據顯示，族群背景與犯罪行為之間的關聯為零。完全沒有關係，一點關係也沒有。研究報告指出，少年犯罪源自那些孩子成長的鄰里。在貧窮社區裡，荷蘭人的子女涉入犯罪活動的機率，絲毫不低於少數族群的子女。[39]

後續的許多研究也確立了這些結果。實際上，只要針對性別、年齡與收入加以校正，就會發現族群與犯罪行為沒有關聯。「不僅如此，」荷蘭研究者在最近的一篇文章裡寫道：「尋求庇護的移民涉入犯罪的機率其實低於本土人口。」[40]

不過，這些研究結果卻沒有受到多少人注意。現在的政治正確觀念主張犯罪與族群在一切層次上都有所關聯。

（三）他們會削弱社會凝聚力

著名的社會學家普特南（Robert Putnam）在二〇〇〇年進行一項研究，發現多元化會削弱社群裡的凝聚力，當時這點看起來是一項令人深感為難的真相。說得精確一點，他發現多元化會導致人比較不容易彼此信任，比較不願意建立友誼或者從事志願工作。

基本上，普特南根據數量驚人的三萬場訪談所得出的結論發現，多元化會導致人「像烏龜一樣縮進殼裡」。[41]

震驚之餘，他一直拖延著不願發表這項結果。他終於在二〇〇七年發表這項發現之後，效果一如預期，就像投下了一枚炸彈一樣。普特南的這項研究被盛讚為本世紀最具影響力的社會學研究，受到無數的報紙與報告引用，直到今天，也都是對於多元文化社會的好處有所懷疑的政治人物最喜歡引用的文獻。

問題是，普特南的研究發現已在多年前遭到推翻。

後來一項針對九十個研究進行的回顧性分析，發現多元化與社會凝聚力根本毫無關聯。[42]不僅如此，如同普林斯頓大學的阿芭絲卡爾（Maria Abascal）與紐約大學的芭妲薩麗（Delia Baldassarri）這兩位社會學家發現的，普特南犯了一個重大錯誤。他沒有把這項因素納入考量：非裔美國人與拉丁裔人口不論住在什麼地方，回報的信任程度都比較低。[43]一旦根據這一點加以校正，普特南令人震驚的發現也就煙消雲散了。

所以，如果多元化不是現代社會欠缺凝聚力的元凶，那麼什麼才是？答案很簡單：

貧窮、失業與歧視。「削弱凝聚力的原因不是社群裡的多元化，」阿芭絲卡爾與芭妲薩麗的結論指出：「而是生活在多元社群裡的人所面對的不利條件。」

（四）他們會搶走我們的工作

我們都聽過這種說法。女性在一九七〇年代突然大量湧入勞動市場的時候，報紙上就充斥了許許多多的預言，聲稱為數龐大而且工資低廉的女性工作者將會取代男性。我們一直有一種揮之不去的錯誤想法，認為就業市場就像是搶座位遊戲。實情並非如此。具有生產力的女性、老年人或者外來移民都不會搶走男性、青年或者勤奮百姓的工作。他們其實會創造**更多**的就業機會。工作人口增加會造成更多的消費、更多的需求、更多的工作。我們如果一定要把就業市場比擬為搶座位遊戲，那麼這種情形就像是新來的派對愛好者都紛紛帶著椅子加入遊戲一樣。[44]

（五）工資低廉的外來移民勞工將會拉低我們的工資

要證明這項謬論的錯誤，我們可以參考移民研究中心（Center for Immigration Studies）的一項研究。這個智庫雖然**反對**外來移民，他們的研究結果卻發現外來移民對於工資幾乎毫無影響。[45] 其他研究甚至顯示外來移民會造成本土工作人口的收入上升。[46] 勤奮的外來移民提振了生產力，從而為所有人帶來了收入上的紅利。

還不只如此。在一項針對一九九〇至二〇〇〇年這段期間所進行的分析裡，世界銀行的研究者發現，歐洲國家的**人民外移**對工資造成了負面影響。[47] 低技術勞工遭到的衝擊最大。在同樣的這段期間裡，外來移民的生產力與教育程度都高於一般的假設，甚至激勵了技術程度較低的本地人向他們看齊。此外，在許多情況下，捨雇用外來移民不為的另外選項，經常就是把工作外包至別的國家。反諷的是，這種做法確實會壓低工資。[48]

（六）他們太懶惰，不會認真工作

我們在豐饒之地發放的救濟金，金額確實可能比其他國家的人民工作賺取的收入還多。不過，沒有證據顯示外來移民會比本土國民更傾向於申請補助。擁有強大社會安全網的國家也不會吸引比較多的移民。實際上，如果根據所得與工作地位進行校正，就會發現外來移民比較少享用公共救助。[49] 整體而言，外來移民的淨價值幾乎全然是正的。在匈牙利、愛爾蘭、西班牙、義大利與英國這些國家，外來移民帶來的平均每戶稅收甚至比本土人口還高。[50]

還是覺得不安心嗎？國家也可以決定不賦予外來移民接受政府救助的權利，不然就是必須至少居留幾年或者繳納了例如五萬美元的稅金之後，才能夠獲得申請公共救助的資格。此外，如果擔心外來移民會構成政治威脅或者不願融入當地社會，也可以設定類似的規範條件。你可以要求外來移民接受語言與文化測驗，可以不給他們投票權，也可以在他們找不到工作的情況下把他們遣送回國。

不公平嗎？也許。可是把那些人徹底拒於門外不是遠比這樣更不公平嗎？

（七）他們永遠不會回去

談到這點，就可以看見一項引人入勝的矛盾現象：開放國界會促使外來移民返回他們的祖國。[51]以墨西哥與美國之間的國界為例。一九六〇年代，數以百萬計的墨西哥人跨越了這條國界，但後來有百分之八十五都返回了家鄉。自從一九八〇年代以來，尤其是九一一事件之後，美國開始對這條國界實施高度的軍事戒護，興建了一堵長達兩千英里的邊界牆，設有監視攝影機、感應器、無人機，還派駐兩萬名邊界巡邏人員。現在，只有百分之七的墨西哥非法移民返回故鄉。

「我們每年把好幾十億美元的納稅人血汗錢花在邊界執法上，結果不只沒用，甚至還造成了反效果，」普林斯頓大學的一位社會學教授指出：「移民人口會理性因應成本與風險的提高，而減少他們跨越國界的次數。」[52]難怪非法居留美國的墨西哥人在二〇〇七年成長到了七百萬人——是一九八〇年的七倍之多。

去吧，去賺大錢

即便在一個沒有邊界巡邏隊的世界裡，許多貧窮人口仍然會待在他們自己的故鄉。畢竟，大多數人都對自己的國家、自己的家鄉以及自己的家庭懷有強烈的情感連結。此外，長途旅行是相當昂貴的活動，貧窮國家極少有人負擔得起移民國外的花費。不過，要是把財務考量擺在一旁，近期的一項調查顯示，如果有機會的話，有七億人希望搬遷到別的國家。53

當然，開放我們的國界不是一夕之間就可以做到的事情——而且也不該如此。毫不受限的移民絕對會侵蝕豐饒之地的社會凝聚力。不過，我們必須記住一件事：在這個極度不平等的世界裡，移民是對抗貧窮最有力的工具。我們怎麼知道呢？這是經驗告訴我們的答案。愛爾蘭與義大利分別在一八五〇年代與一八八〇年代出現生活情形嚴重惡化的狀況，當時大多數的貧窮農民都離國他去；一八三〇至八〇年間也有十萬名荷蘭人這麼做。那些人全都把目光投向海洋對岸那片看來機會無窮無盡的土地。美國這個全世界最富有的國家，就是建立在外來移民的基礎上。

在過了一個半世紀之後的今天，世界上卻有數以億計的人口生活在不折不扣的露天監獄裡。四分之三的邊境高牆與圍欄都是在二〇〇〇年之後興建的。印度與孟加拉之間隔著數千英里長的有刺鐵絲網，沙烏地阿拉伯更是把全國都用柵欄圍了起來。此外，歐盟雖然持續在成員國之間開放國界，卻投入數百萬美元的資金攔阻地中海上的船隻。這項政策對於遏止外來移民毫無效果，卻對人口販子的生意大有幫助，並且因此摧殘了數以千計的性命。在柏林圍牆倒塌過了二十五年後的今天，從烏茲別克到泰國，再從以色列到波札那，世界上的隔欄壁壘卻比以往都還要多。54

人類不是待在一個地方而演化出來的物種。旅行癖存在於我們的血液裡。往前回溯幾個世代，就可以看見幾乎每個人的族譜當中都有移民。看看現代中國，那裡在二十年前發生了世界史上最大的移民潮，造成數以億計的中國人從鄉下湧入城市。不論移民會帶來多大的混亂，卻總是一再受到事實證明為最強大的進步驅動力。

敞開大門

說到這裡，就該回頭看看先前提過的一年一千三百四十八億美元，一個月一百一十二億美元，一秒四千兩百七十四美元。這個數字聽起來似乎是極大的金額，但其實不是。全球發展援助的總額只相當於像荷蘭這樣的歐洲小國花費在醫療上的支出而已。美國大眾以為他們的聯邦政府把四分之一以上的國家預算投注於外國援助，但實際上的數據卻是不到百分之一。[55]在此同時，豐饒之地的大門仍然緊緊關閉。數以億計的人口聚集在這座封閉社區的門外，就像以前的貧民也曾經在受到城牆包圍的城市外敲打大門。〈世界人權宣言〉第十三條指稱所有人都有權離開自己的國家，但沒有向任何人保證遷往豐饒之地的權利。正如那些申請庇護的人在不久之後發現的，移居豐饒之地的程序比起申請公共救助還要更繁雜，更令人抓狂，而且希望也更渺茫。現在，你如果想要住進科凱恩，需要的不是挖穿幾英里的米布丁，而是必須應付堆疊如山的文件。

再過一百年，也許我們回顧這些國界就會像是我們今天回顧奴隸制度與種族隔離一樣。不過，有一件事情是可以確定的：我們如果想要把這個世界變得更美好，就不能不正視移民。就算只是把門打開一小縫也有幫助。世界銀行的科學家指出，只要所有的已開發國家都願意多接收百分之三的移民，世界上的貧窮人口就可以額外賺取三千零五十億美元。[56]這個數字等於所有的發展援助加總起來——再乘以三。

如同開放國界的首要倡議者卡倫斯（Joseph Carens）在一九八七年所寫的：「自由移民也許不可能立刻達成，卻是一個我們應該追求的目標。」[57]

困難不是在於新觀念，而是在於擺脫舊觀念。

——凱因斯

10 前衛的觀念如何改變世界

一九五四年夏末，一位傑出的年輕心理學家在看報紙的時候注意到最後幾版有個奇怪的標題：

> 來自號角行星的預言
> 呼籲市民逃離洪水。
> 外太空向郊區居民透露訊息，
> 指稱洪水將在十二月二十一日淹沒我們。

這位名叫費斯汀格（Leon Festinger）的心理學家被挑起了好奇心，於是繼續往下閱讀。「萊克城（Lake City）將在十二月二十一日黎明前遭到大湖的洪水摧毀。」這個訊息來自芝加哥市郊的一名家庭主婦，她說是另一個行星上的高等生物告訴她的：「她說那些生物搭著我們稱為飛碟的東西造訪了地球許多次。」

這正是費斯汀格等待已久的機會。他可以藉此調查一個簡單但棘手而且已經令他納悶多年的問題：人一旦經歷重大的信念危機，會有什麼樣的後果。這名家庭主婦一旦發現沒有飛碟前來救她，會有什麼樣的反應？大洪水一旦沒有實現，她會怎麼樣？稍微探究一番之後，費斯汀格發現，這個名叫桃樂絲．馬汀（Dorothy Martin）的家庭主婦不是唯一一個認定一九五四年十二月二十一日會是世界末日的人。她有十幾個追隨者——全都是學識良好、品行正直的美國民眾——都因為堅信這項預言而辭去工作、賣掉資產，或者與另一半仳離。

費斯汀格決定滲透進入芝加哥的這個教派。他隨即注意到那些教派成員並沒有花費力氣說服別人世界末日已經近在眼前。救贖是他們這群受到挑選的少數人所享有的特權。在一九五四年十二月二十日上午，馬汀太太又收到了一項新訊息：「你們將在午夜被放進停放著的車輛裡，然後帶到一個地方，讓你們全部搭上〔飛碟〕。」

所有成員都興奮地等待著被接上穹蒼。

一九五四年十二月二十日夜晚

晚上十一點十五分：馬汀太太收到訊息，通知信徒穿上外套，做好準備。

凌晨十二點：什麼事情都沒發生。

凌晨十二點零五分：一名信徒注意到房間裡的另一個時鐘所顯示的時間是晚上十一點五十五分，於是眾人同意午夜還沒到。

凌晨十二點十分：來自外星人的訊息：飛碟誤點了。

凌晨十二點十五分：電話響了幾次：有些記者打電話來詢問世界末日是不是已經降臨。

凌晨兩點：一名比較年輕的信徒，本來預期自己現在已經遠在好幾光年外，這時突然想到他的母親曾說他如果凌晨兩點還沒回家，她就會打電話報警。其他人於是安撫他，說他為了保全大家而離開是一項值得的犧牲，於是他先行離開。

凌晨四點：一名信徒說：「我已經拋棄了一切，背離了這個世界。我沒有本錢可以懷疑，我必須相信。」

凌晨四點四十五分：馬汀太太收到另一則訊息：上帝決定放過地球。這一小群信徒在這一夜散播出的「光芒」極為強烈，因此拯救了地球。

凌晨四點五十分：來自上天的最後一則訊息：外星人希望這項好消息「立刻釋放給報紙」。收到這項新任務後，信徒於是在破曉前致力通知當地所有的報社與電台。

當預言失靈

「懷有信念的人非常難以改變。」費斯汀格在《當預言失靈》（*When Prophecy Fails*）這部著作中，以這句話展開他對這起事件的陳述。他的這部著作最早出版於一九五六年，至今仍是社會心理學的經典文獻。「你如果表示不同意，他只會不予理會，」費斯汀格接著指出：「如果向他提出事實或數據，他會質疑你的資料來源。如果訴諸邏輯，他也無法理解你的論點。」

要嘲笑馬汀太太與她那群信徒很容易，但費斯汀格描述的現象卻是我們所有人都免疫不了的情形。他稱之為「認知失調」。現實一旦與我們最深刻的信念衝突，我們寧可調整現實，也不願修正我們的世界觀。不僅如此，我們的信念還會變得比先前更堅定。[1]

不過，我們在實用的事務上倒是通常相當有彈性。我們大多數人甚至也願意接受怎麼清除油污或者切小黃瓜的建議。只有在我們的政治、意識型態或宗教觀念受到挑戰的時候，才會變得冥頑不靈。別人一旦質疑我們對於犯罪懲罰、婚前性行為或者全球暖化的看法，我們通常會死命抵抗。一般人經常會緊密依附於這類觀念，而難以放手。揚棄這些觀念會影響我們的認同感以及我們在社會群體中的地位——例如在教會、家人或者朋友圈當中。

可以確定的是，這種現象和愚蠢絕對無關。耶魯大學的研究者證明指出，受過教育的人死守自身信念的情形比其他人都還要嚴重。[2]畢竟，教育能夠賦予你捍衛自身意見的工具。學識高超的人非常善於找尋能夠支持他們既有信念的論點、專家以及研究，現在網路又使得我們更容易成為自身意見的消費者，隨時都可以藉著輕輕點下滑鼠按鍵而找到更多證據。

美國記者克萊恩（Ezra Klein）指出，聰明人不是利用自己的智識獲取正確答案，而是獲取他們想要的答案。[3]

我的時鐘走到了午夜十二點

我必須坦承，在撰寫本書第六章（〈夢想二：如果每個人一週工作十五小時〉）的時候，我無意間看到一篇文章，標題為〈縮短工時可能無助於提高福祉〉。[4] 那是《紐約時報》的一篇報導，提及南韓的一項研究，指稱每週工時減少百分之十並沒有讓員工更快樂。我在網路上進一步搜尋，結果找到倫敦《電訊報》（*Telegraph*）的另一篇報導，指稱縮短工時可能對健康有害。[5]

突然間，我成了桃樂絲．馬汀，而我的時鐘也走到了午夜十二點。我的防衛機制隨即動員起來。首先，我對那些報導的資料來源感到懷疑。《電訊報》是一份保守派的報紙，所以我該多麼認真看待那篇報導？此外，《紐約時報》那篇報導的標題中也有「可能」一詞。那些研究發現的確定性到底有多高？就連我的刻板印象也在這時候冒了出來：南韓人根本是工作狂，他們說不定在工時縮短之後還是私底下自己加班工作。況且，**快樂要怎麼衡量？**

於是，我心滿意足地把那項研究推到一旁。我已認定那項研究不值得參考。6

我再舉另一個例子。在第二章裡，我列出了支持全民基本收入的論點。這是一項我在過去幾年來投注了許多心力研究的信念。我針對這項議題所寫的第一篇文章獲得了將近一百萬的閱讀人次，並且獲得《華盛頓郵報》刊登。我針對全民基本收入發表多場演說，也在荷蘭的電視節目上主張這種做法的可行性。充滿熱情的電子郵件蜂擁而來。不久之前，我甚至聽到有人把我叫作「基本收入先生」。我的看法已逐漸界定了我的個人與職業認同。我確實真心認為全民基本收入這項概念的時機已然成熟。我廣泛研究了這個議題，所有的證據都指向同一個方向。不過，我要是誠實的話，有時候我其實懷疑我說不定根本不會讓自己注意證據是否指向別的方向。我會不會有足夠的細心——或是勇氣——改變自己的心意？

觀念的力量

「繼續幻想吧。」不久之前，我把我針對縮短工時與全民基本收入所寫的幾篇文章寄給一個朋友，結果他回了我這麼一句話。我了解他的想法。畢竟，在政治人物連達成預算平衡都做不到的情況下，提出瘋狂的新觀念又有什麼用？

我就是在那時候開始捫心自問：新觀念是否能夠真正改變世界？

你的本能反應（而且這樣的反應非常合理）也許是：不可能——人只會頑固地緊抓著他們習慣的舊觀念。不過，我們知道觀念向來都會隨著時間改變。昨日的前衛是今日的常識。庫茲涅茨憑著自己的意志而造就了國內生產毛額這項概念的出現。隨機試驗派藉著強迫外國援助證明其有效性而吹皺了外國援助的一池春水。問題不在於新觀念**能否**打敗舊觀念；問題只在於新觀念**如何**打敗舊觀念。

研究顯示，瞬間驚嚇的做法可以造成極佳的效果。伊利諾大學政治學家庫克林斯基（James Kuklinski）發現，以盡可能直接的方式把不討人喜歡的新事實擺在別人面前，最有可能促使對方改變想法。[7]以右翼政治人物為例，他們早在一九九〇年代就已開始針對「伊斯蘭威脅」提出警告，卻一直沒有得到太多注意。不過，世貿大樓在二〇〇一年九月十一日遭到令人震驚的撞毀之後，大眾的觀感即隨之轉變。過去只有邊緣地位的觀點，現在突然成了集體的執迷。

如果說觀念確實不是以逐步漸進的方式造成改變，而是在一陣一陣的驚嚇之中，那麼我們的民主、新聞與教育的基本前提就都錯了。這麼一來，啟蒙時代那種促使人改變意見的模式——透過蒐集資訊以及理性思辨——其實反倒是鞏固現狀的方法。這麼一來，那些信奉理性、細膩思考與妥協的人即是未能正確理解觀念支配世界的方式。世界觀不是樂高套組，可以在這裡添一塊，那裡減一塊。世界觀有如一座堡壘，受到竭盡全力的死命捍衛，所有可能的援軍都一致派上用場，直到壓力過大而導致城牆塌陷為止。

在費斯汀格滲透進入馬汀太太的教派之時，美國心理學家艾許（Solomon Asch）也在那幾個月裡證明了，團體壓力甚至可能導致我們忽略眼前明顯可見的事物。在一項現已廣為人知的實驗裡，他向受試者出示一張卡片上的三條線，然後問他們其中哪一條線最長。房間裡的其他人（全都是艾許的同事，但受試者不曉得這一點）一旦都提出同樣的答案，受試者也就跟著人云亦云——即便那個答案明顯錯誤也是如此。8

政治領域亦然。政治學家已經證實，左右選民投票行為的因素主要不是他們對自身生活的觀感，而是他們對於社會的概念。我們對於政府能夠為我們個人做些什麼，其實不是特別感興趣；我們想知道的是政府能夠為我們所有人做什麼。我們投票不只是為自己而投，更是為我們想要身處其中的群體而投。

不過，艾許還獲得了另一項發現。單獨一個反對聲音就能夠造成徹底的改變。只要群體中有一個人堅持真相，受試者就比較有可能會相信自己的感官所提供的證據。希望這一點能夠鼓舞所有覺得自己彷彿在荒野中獨自呼喊的人士：繼續你異想天開的幻想吧。你的時機終究會有來臨的一刻。

漫漫長夜

在二〇〇八年，我們彷彿終於遭遇了自從一九三〇年代以來最嚴重的認知失調現象。九月十五日，投資銀行雷曼兄弟（Lehman Brothers）申請破產。突然間，全球的銀行部門似乎即將像骨牌一樣連串傾倒。在後續幾個月裡，一個接一個的自由市場信條紛紛破滅。

一度被稱為「神諭」以及「大師」的聯準會前主席葛林斯潘（Alan Greenspan），對於這樣的發展目瞪口呆。「不只個別金融機構比較不容易遭到潛在風險因素的衝擊，」他曾在二〇〇四年充滿自信地表示：「而且整個金融體系也有比較強的恢復能力。」[9] 葛林斯潘在二〇〇六年退休之時，所有人都認定他會在歷史的金融名人堂當中占有一席之地。

但在兩年後的一場眾議院委員會聽證會上，這位身心交瘁的銀行家坦承自己「處於震驚而不敢置信的情緒裡」。葛林斯潘對資本主義的信心遭到嚴重挫敗。「我發現了一個缺陷。我不知道這個缺陷有多麼重要或是會存續多久，但我對這點深感憂慮。」10 一名國會議員問他是不是受到自己的觀念所誤導，葛林斯潘答道：「那就是我之所以這麼震驚的原因，因為我在過去四十年來一直有大量證據顯示這一切都運作得非常良好。」

一九五四年十二月二十一日帶給我們的教訓，就是一切都取決於那個危機時刻。一到午夜之後會發生什麼事？危機可以為新觀念提供機會，但也可能進一步鞏固原本的信念。

那麼，二〇〇八年九月十五日之後發生了什麼事？占領華爾街運動短暫激勵了大眾，但不久即告消退。另一方面，左傾政黨也在歐洲大部分地區的選舉當中紛紛落敗。希臘與義大利多多少少將民主徹底拋到一旁，為了討好債主而推出帶有新自由主義色彩的改革，不但為政府瘦身，也強化勞動市場的彈性。在北歐，政府也紛紛宣告一個撙節新時代的來臨。

至於葛林斯潘呢？過了幾年後，一名記者問及他的觀念是否有任何錯誤，他的回答相當堅定：「一點也沒有，我認為我們沒有別的選擇。」[11]

快轉到今天：銀行部門的根本性改革還是沒出現。在華爾街，銀行員工的紅利獎金已攀升到金融海嘯以來的新高。[12]此外，銀行的資本緩衝也還是一樣微乎其微。《衛報》記者盧彥戴克（Joris Luyendijk）投注了兩年時間探究倫敦的金融部門，而在二〇一三年這麼概括了這段經驗：「就像是站在車諾比，看見他們重新啟動了反應爐，但管理階層卻還是同一群人。」[13]

這樣的情形不禁令人納悶：二〇〇八年的認知失調是不是不夠嚴重？還是太嚴重了？我們是不是太執著於原有的信念？還是說我們真的別無選擇？

最後這項可能性最令人擔心。

英文的「危機」（crisis）一詞源自古希臘文，字面意義為「分開」或者「篩選」。因此，危機應該是個關鍵時刻，一個做出根本性抉擇的關頭。不過，我們在二〇〇八年那時卻似乎沒有辦法做出那項抉擇。我們當時突然發現自己面臨了整個銀行部門的崩垮，卻沒有真正可供選擇的其他選項；我們唯一能夠做的就是沿著原本的道路繼續走下去。

所以，我們也許不該用危機這個字眼描述我們當前的處境。我們現在的狀況比較像是陷在昏迷當中。英文的「昏迷」（coma）一詞也是源自古希臘文，意為「深沉無夢的睡眠」。

資本主義的反抗鬥士

要是認真想想，這一切實在是極為反諷。

如果說，世界上曾經有兩個人投注一生從事空想，並且懷著出奇的堅定信心認定，有一天事實將會證明他們的想法沒錯，那麼這兩人就是新自由主義思想的創始者。我深深仰慕他們兩人：一位是難以捉摸的哲學家海耶克，另一位是公共知識分子傅利曼。

現在，「新自由主義」已成了一個貶義詞，用來批評任何不同意左派觀點的人士。不過，海耶克與傅利曼卻是充滿自豪的新自由主義者，認為自己有義務改造自由主義。[14]「我們必須把建造自由的社會再度變成一項智識冒險，」海耶克寫道：「我們欠缺的是個自由主義烏托邦。」[15]

就算你認為他們是壞蛋，把貪婪變成一種時尚，而且必須為導致千百萬人陷入困境的金融危機負起責任，你也還是可以從海耶克與傅利曼身上學到許多東西。

其中一人出生在維也納，另一人出生在紐約。他們兩人都堅定信奉觀念的力量。多年來，他們兩人都屬於主流思想以外的一小群少數，幾乎可以說是個小教派。他們合力撕開主流思想的繭，以獨裁者與億萬富翁只能夢想的方式顛覆了世界。他們著手推翻他們的死對頭英國經濟學家凱因斯一生的思想。他們與凱因斯唯一的相同之處，似乎就是他們都認為經濟學家與哲學家的觀念，比企業領袖與政治人物的既得利益更強而有力。

這則故事始於一九四七年四月一日，在凱因斯去世之後還不到一年。當時有四十名哲學家、史學家與經濟學家聚集在瑞士的朝聖山（Mont Pèlerin）這座小村莊。其中有些人經歷了幾個星期的旅程，飄洋過海才抵達那裡。後來，他們被稱為朝聖山學會。

來到這座瑞士村莊的四十名思想家都受到鼓勵表達自己的想法，於是他們共同組成了一個資本主義軍團，反抗社會主義的崇高地位。「當然，今天已經很少有人不是社會主義者，」這場活動的發起人海耶克一度感嘆道。在那個時代，連美國都在羅斯福新政＊的條款下採行比較具有社會主義色彩的政策，因此捍衛自由市場被視為一種深具革命性的做法，而海耶克也覺得「與自己所屬的時代徹底脫節」。[16]

傅利曼也在那場會議上。「當時的我是個年輕天真的美國鄉下人，」傅利曼後來回憶道：「在那裡會見了來自世界各地的人士。我們全都信奉同樣的自由主義原則，全都在自己的國家備受圍剿；但那些學者當中有些早已在國際上享有盛名，有些則是注定未來也將如此。」[17] 實際上，朝聖山學會的成員裡共有八人後來獲得了諾貝爾獎。

但在一九四七年，沒有人預測得到這麼一個星光閃耀的未來。當時歐洲有大片地區都殘破不堪。重建活動一律被塗上凱因斯理想的色彩：完全就業、約束自由市場、管制銀行。參戰國家成了福利國家。然而，新自由主義思想也正是在那幾年間由於朝聖山學會的推動

＊編註：指一九三三年富蘭克林．羅斯福就任美國總統後所實行的一系列經濟政策，其核心是三個R：救濟（Relief）、復興（Recovery）和改革（Reform）

而開始受到注意，後來這個學會成了二十世紀的首要智庫之一。「他們共同促成了一場全球政策轉變，留下的影響迴盪數十年之久，」史學家柏根（Angus Burgin）指出。[18]

在一九七〇年代期間，海耶克把朝聖山學會的會長職務交給傅利曼。這名美國人雖然身材矮小又戴著眼鏡，他的活力與熱情卻勝過前任的那位奧地利會長。在他的領導下，朝聖山學會開始激進化。基本上，傅利曼認為所有的問題都可以怪在政府頭上。而他為每一個案例提出的解方都是自由市場。失業？取消最低工資。自然災害？讓企業籌辦救援工作。學校品質低落？把教育私有化。醫療太昂貴？一樣私有化，順便把公共監督也廢了。藥物濫用？把毒品合法化，由市場發揮神奇功效吧。

傅利曼採取一切可能的方法散播他的觀念，建立了一大套的作品，包括講座、評論文章、電台訪談、電視訪問、書籍，甚至還有一部紀錄片。在他的暢銷著作《資本主義與自由》（*Capitalism and Freedom*）的序言裡，他指稱思想家有義務不斷提出不同的選擇。今天看似「在政治上不可能」的觀念，可能有一天會變成「在政治上無可避免」。

唯一剩下的事情，就是等待關鍵時刻到來。「只有危機——不論是真實的危機還是誤認的危機——才會造成真正的改變，」傅利曼解釋道：「危機一旦發生，人就會根據既有的觀念採取行動。」[19]危機在一九七三年十月降臨，當時阿拉伯石油輸出國組織把油價抬升百分之七十，並且對美國與荷蘭實施石油禁運。通膨幅度破表，西方經濟體紛紛陷入衰退。這種稱為「停滯性通膨」的現象在凱因斯理論中根本不可能出現。不過，傅利曼卻預測了這種情形。

傅利曼餘生一再強調，如果沒有一九四七年以來奠定的基礎，他的成功絕對是不可想像的事情。新自由主義的崛起就像是接力賽一樣，由智庫將棒子交給記者，再由記者交給政治人物。接下最後一棒的是西方世界最有權勢的兩名領袖：雷根與柴契爾夫人。柴契爾夫人被人問到她認為自己最大的勝利是什麼，她的回答是「新工黨」：在新自由主義者布萊爾（Tony Blair）的領導下，即便是工黨內與她針鋒相對的那些社會民主主義者，也接受了她的世界觀。

不到五十年，一項曾經被貶抑為激進而且僅具邊緣地位的觀念就此支配了世界。

新自由主義帶來的教訓

有些人說現在投票給誰已經根本沒差。我們雖然還是有右派和左派，這兩方對於未來卻似乎都沒有明確的計畫。在一項反諷的命運轉折當中，兩位堅信觀念力量的人士所催生出來的新自由主義，現在卻封阻了新觀念的發展。我們現在似乎已來到「歷史的終結」，自由民主是最後一站，「自由消費者」則是人類的最終身分。[20]

在傅利曼於一九七〇年獲得任命為朝聖山學會會長之時，其中大多數的哲學家與史學家都早已離去，因為學會裡的辯論已變得過於技術性，也帶有太濃厚的經濟色彩。[21]事後回顧起來，傅利曼的到來開啟了經濟學家成為西方世界首要思想家的時代。我們至今仍然生活在其中。[22]

我們居住在一個充斥著經理人與技術官僚的世界裡。「專注於解決問題就好，」他們說：「專注於維持收支平衡就好。」政治決策一再被呈現為一種急迫事務——是中立而且客觀的事件，彷彿別無選擇。凱因斯在他那個時代就已觀察到了這種傾向。他寫道：「那些認為自己不受任何智識影響的務實之士，卻通常是某位已故的經濟學家的奴隸。」[23]

雷曼兄弟在二〇〇八年九月十五日垮台而引發了自從一九三〇年代以來最嚴重的危機之時，我們手邊確實沒有其他真正的選項。沒有人奠下基礎。多年來，知識分子、記者與政治人物都堅持認為我們已抵達了「大論述」時代的終點，因此應該以意識型態換取實用主義。

當然，我們對於先前世代奮鬥得來的自由還是應該引以為傲。但問題是，我們如果不再有重要的話可說，那麼言論自由有什麼價值？我們如果不再感覺得到人與人之間的連結，那麼結社自由有什麼意義？我們如果不再有信仰，那麼宗教自由有什麼目的？

一方面，世界仍然不斷變得越來越富裕、安全而且健康。每天都有越來越多的人抵達科凱恩。這是一大勝利。另一方面，現在卻也該是身為豐饒之地居民的我們籌劃新的烏托邦的時候了。讓我們重新升起船帆吧。「進步即是烏托邦的實現，」王爾德在許多年前寫道。[24]每週工時十五小時，全民基本收入，以及沒有國界的世界……這些都是瘋狂的夢想——但只是目前如此，而且這樣的情況不需要永久持續下去。

海耶克在新自由主義剛誕生的時候主張，「人類的觀念與信仰是歷史的主要推動者，我們全都非常難以想像自己的信念有可能和實際上不一樣」，[25]但現在一般人都對此抱持懷疑的態度。他指出，新觀念要盛行可能隨隨便便就需要一個世代的時間。因此，我們需要的思想家不只要有耐心，也得擁有「提出如同空想般的『烏托邦』的勇氣」。

我們應該從朝聖山學到這項教訓。所有夢想著世界能夠更美好的人，都應該把這句話當成他們的口號。這麼一來，我們才不會再度聽到午夜鐘聲響起，卻發現自己只是空手呆坐著，等待永遠不會出現的外星人前來拯救我們。

觀念能夠改變世界，不論是多麼荒唐的觀念都有可能。這種情形過去發生過，未來也會再度發生。「的確，」凱因斯寫道：「世界沒有什麼其他的支配力量。」[26]

烏托邦就在地平線上。我向前邁進兩步，它就跟著後退兩步。我又走了十步，結果地平線也遠離了我十步。不論我走多久，我都永遠到不了那裡。那麼烏托邦有什麼意義？意義就是：繼續向前走。

——加萊亞諾（Eduardo Galeano，一九四〇—二〇一五）

epilogue

後記：送給把夢想付諸實行的人們

再問最後一次：我們要怎麼實現烏托邦？我們要怎麼落實這些觀念？

從理想到真實的道路總是令我深感著迷。如同普魯士政治家俾斯麥（Otto von Bismarck）說過的這句名言：「政治是實現可能事物的藝術。」你如果關注華府與西敏寺這類地方的新聞，這種印象似乎確實沒錯。不過，另外還有一種形式的政治卻更重要得多。我說的是真正重要的大政治，這種政治的重點不在於規則，而是在於革命；不是在於實現可能的事物，而是在於把不可能的事情轉變成不可避免。

這個政治場域有充足的空間可以容納更多的政治人物，包括清潔隊員與銀行員工、科學家與製鞋匠，還有作家乃至閱讀本書的你。大政治與日常生活的政治是截然相對的。日常生活的政治致力於鞏固現狀，大政治則是會掙脫枷鎖。

圖表十五．奧弗頓之窗

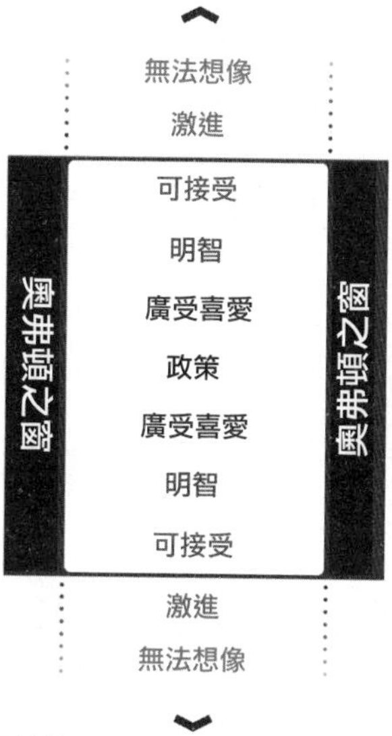

資料來源：'Overton Window' by Hydrargyrum is licensed under CC BY-SA 2.0

奧弗頓之窗

美國律師約瑟夫．奧弗頓（Joseph Overton）首度在一九九〇年代說明了大政治的運作機制。他首先提出一個簡單的問題：為什麼有那麼多好觀念沒有受到正視？

奧弗頓意識到，政治人物如果想要勝選連任，就不能採取一般認為太極端的觀點。為了保有權勢，他們必須把自己的觀念維持在可接受的範圍內。這個可接受的窗口當中充滿了各種方案，這些方案都受到專家背書以及統計機構的計算，並且有相當高的機會能夠成為法律。

只要有人冒險闖出「奧弗頓之窗」的範圍之外，就不免面臨重重的困難。這麼一名政治人物會立刻遭到媒體——也就是奧弗頓之窗的凶惡守門人——貼上「不切實際」或者「不理智」的標籤。舉例而言，電視極少提供時間或空間呈現根本上不同的意見。相反的，談話節目不斷餵食我們的內容，就只是同一群人一再說著同樣的東西。

但儘管如此，社會還是有可能在短短幾十年內徹底改變。奧弗頓之窗有可能會挪移。達成挪移效果的一種典型策略，就是提出極度令人震驚而且顛覆性的觀念，於是只要稍微不那麼激進的想法就會突然顯得頗為理智。換句話說，要把激進的觀念變得合理，只需要拉大激進的範圍界線即可。

美國的川普、英國的鮑里斯．強森（Boris Johnson），還有我祖國那個患有伊斯蘭恐懼症的威爾德斯（Geert Wilders），都非常精通這項技藝。儘管他們說的話不一定都受到認真看待，但他們確實已將奧弗頓之窗拉向了他們的陣營。實際上，在過去數十年來，這道窗口在經濟與文化議題上都逐漸右移。在新自由主義經濟學家占據了經濟辯論的講壇之後，右派也打算掌控宗教與移民的論述。

我們當前目睹的是路線上的巨大改變。歷史上，大政治向來都是左派專屬。**務實一點，提出不可能實現的要求！**巴黎的示威人士在一九六八年這麼高呼。奴隸制度的終結、女性的解放、福利國家的崛起——這些進步觀念在一開始都曾經被視為瘋狂而「不理性」，卻終究獲得接受為基本常識。

不過，當今的左派卻似乎忘卻了大政治的藝術。更糟的是，許多左翼思想家與政治人物都因為害怕流失選票，而努力遏抑自身陣營裡的激進觀點。我在近年來把這種態度稱為「弱勢社會主義」現象。

這是一種國際性的現象，在全球的左翼思想家與運動當中都可以觀察得到，不論是工會還是政黨，專欄作家還是大學教授都是如此。弱勢社會主義的世界觀認為，新自由主義者精通了理性、判斷與數據的遊戲，因此左派只能夠訴諸情感。這些人確實用意良善。弱勢社會主義者擁有大量的同情心，並且認為現行的政策極度不公。看著福利國家逐漸瓦解，他們於是匆忙挽救他們救得回來的東西。不過，一旦到了緊要關頭，弱勢社會主義者就會屈服於對手的論點，總是接受辯論的前提。

「國債已經失控，」他們承認指出：「但我們可以把更多方案設計成依收入而變。」「對抗貧窮的成本非常高昂，」弱勢社會學家推論指出：「但這是身為文明國家不可或缺的一部分。」「稅負很重，」他們哀嘆道：「可是每個人各盡所能吧。」

弱勢社會主義者忘記了真正的問題不在於國債，而是在於負債過多的家庭與企業。他們忘記了對抗貧窮是一項投資，能夠帶來大量的回收。他們也忘了銀行從業人員和律師都是犧牲清潔隊員與護士的權益而把糞便當成珍寶。

約束以及遏制對手已經成了弱勢社會主義者僅剩的任務。反私有化、反體制、反撙節。鑑於他們反對的一切，我們不禁納悶弱勢社會主義者究竟支持什麼？

一次又一次，他們都與社會上的不幸成員並肩而立：窮人、中輟生、尋求庇護的難民、殘障人士，以及遭到歧視的對象。他們譴責伊斯蘭恐懼症、恐同症以及種族歧視。他們執迷於各種「鴻溝」，那些鴻溝將世界劃分為藍領與白領、貧與富、一般人與金字塔頂端的百分之一，而且他們也徒勞無功地試圖「找回」早已離棄了他們的選民。

不過，弱勢社會主義者最大的問題不在於他們錯了，而在於他們太過乏味。乏味到了極點。他們沒有故事可以說，甚至也沒有任何語言可以傳達他們的故事。

而且，左派人士也經常顯得以落敗為樂，彷彿一切的失敗、毀滅與暴行主要都是為了證明他們的正確無誤。在《黑暗中的希望》（*Hope in the Dark*）這部著作裡，雷貝嘉·索爾尼（Rebecca Solnit）指出：「有一種社會運動的重點是在於強化認同，而不是達到成果。」川普非常清楚的一件事，就是大多數人都喜歡屬於獲勝的陣營（「我們會贏個不停，贏到你們覺得厭煩」）。大多數人都厭惡善心人士的同情與干預。

可惜的是，弱勢社會主義者忘卻了左派應該提出充滿希望與進步的敘事。我指的這種敘事，不是只單純訴諸那些成天喜歡閱讀大部頭著作，然後滔滔不絕地談論著「後資本主義」或者「多元交織性」的少數文青。學術界的左派人士所犯下的最大錯誤，就是他們基本上已成了一個貴族階級，總是以怪異難懂的術語寫作，把簡單的事情搞得複雜不已。畢竟，你如果沒辦法讓一個智力正常的十二歲孩子了解你的理想，那麼問題大概是出在你身上。我們需要的敘事，必須能夠引起千百萬一般人的共鳴。

這一切必須始於找回進步的語言。

改革？當然要。就讓我們對金融部門真正徹底大翻修吧。強迫銀行設置更大的緩衝，以免一遭遇危機就倒閉。如果必要，就把大銀行分拆開來，這樣下一次納稅人就不必因為那些銀行「大到不能倒」而被迫支付帳單。揭露並且消除所有的避稅天堂，以便強制富人掏出他們應付的稅金，這樣他們的會計也才能做些真正有意義的事情。

功績制度？來吧。就讓我們依照每個人的真實貢獻支付薪水吧。明顯可見，清潔隊員、護士與教師將會獲得大幅度的加薪，而不少遊說人士、律師與銀行從業人員則不免看見自己的薪資遭到調降。你如果想要從事有害公眾的職業，儘管去做沒關係，但你必須為此一特權承擔比較重的稅負。

創新？絕對好。當今有無可計數的人才都遭到了浪費。如果說以前常春藤盟校的畢業生都紛紛從事科學、公共服務以及教育的工作，那麼現在他們則是比較可能會選擇進入銀行業、法律業，或是像谷歌與臉書這類廣告散播公司。只要稍微想想看，我們竟然把好幾十億美元的稅收投注於訓練社會上最傑出的人才如何以最有效率的方法剝削別人，這種情形實在是令人難以置信。想像一下，我們這個世代最出類拔萃的人物，如果都致力於因應這個時代面對的最大挑戰，例如氣候變遷、人口老化，以及社會不平等……那麼現狀將會有多麼不同。要是能夠如此，才算得上是真正的創新。[1]

效率？這正是重點所在。想想看：在一名街友身上每投注一塊錢，就可以節省三倍以上的醫療、警力與法院支出。想像一下消除兒童貧窮可能會帶來什麼樣的後果。化解這類問題遠比加以「管理」要有效率得多，因為管理這些問題的長期成本將會遠遠高出許多。

消除保母國家？舉雙手贊成。就讓我們把那些為失業者所舉辦的再就業課程統統砍掉（那些毫無意義、自以為是，而且實際上只會**延長**失業時間的課程），也不要再疲勞轟炸以及踐踏接受社會救濟的人士了。讓我們為每個人都提供一筆基本收入——這是投注在人身上的創投資金——讓我們所有人都能夠規劃**自己**的人生方向。

自由？姐妹們，盡情高唱自由之歌吧。就在我們談論這些問題的同時，社會上有超過三分之一的工作人口都身陷在「垃圾工作」裡，那些工作連從業者本身都覺得毫無意義。不久之前，我以無意義工作增加的現象為題對幾百名顧問發表演說。令我訝異的是，聽眾在整場演說上竟然都沒有發出噓聲。不僅如此，在事後的交誼時間裡，還有不只一個人向我傾訴說，他們接了一些沒有意義的高酬勞專案，而利用藉此獲得的財務自由從事收入較少但極為充實的活動。

那些人訴說的經歷令我想起，許多自由記者都不得不為他們鄙視的企業撰寫宣傳文案，以便補貼他們真正重要的調查報導工作（調查對象正是同類型的企業）。這是不是一個是非顛倒的世界？看來，在現代資本主義裡，我們如果要從事自己真正感到充實的活動，就必須以……垃圾工作加以資助。

現在該是重新定義「工作」概念的時候了。我呼籲縮短工時，並不是要求漫長懶散的週末。我希望的是所有人都能夠把更多時間投注於對我們而言真正重要的事情。幾年前，澳洲作家布朗妮．維爾（Bronnie Ware）出版了《你遇見的，都是貴人》（*The Top Five Regrets of The Dying*）這部著作，內容描寫她從事看護工作期間照顧過的病患。[2]結果，在那些臨終病患感到懊悔的事情當中，沒有一個人是希望自己當初能夠多注意聆聽同事的簡報，或是針對網路社會裡的一件破壞式創新產品多與人腦力激盪。他們最大的懊悔是：「我真希望自己能夠有勇氣過忠於自己的人生，而不是迎合別人的期望。」排名第二的懊悔是：「真希望我沒有把那麼多心力花費在工作上。」

現在，不論左派或右派都一再強調，我們需要更多的工作與更多的就業機會。在大多數的政治人物與經濟學家眼中，就業是一種道德中立的東西：越多越好。我主張現在該是推動一場新勞工運動的時候了。這麼一場勞工運動爭取的，不只是更多的就業機會與更高的工資，更重要的是要爭取本身真正有價值的工作。這麼一來，我們的時間如果是花在乏味的行銷工作、愚蠢的行政工作，以及製造污染的垃圾商品上，那麼失業率就會**上升**；而我們一旦開始把更多時間投注於能夠充實我們的事物上，失業率就會**下降**。

最後兩項忠告

不過，弱勢社會主義者首先必須不再耽溺於他們的道德優越感以及過時的觀念。每個自認為是進步分子的人，都應該不只是散發熱力，也必須散播新觀念；不只展現憤慨，也應該呈現希望；而且必須同時秉持道德與難以抵擋的推銷能力。歸根結蒂，弱勢社會主義者欠缺的正是促成政治變革最關鍵的元素：一股堅定的信念，認定確實有一條更好的道路存在，認定烏托邦確實伸手可及。

我的意思不是說精通大政治會是一件容易的事情。恰恰相反。第一個重大障礙就是要能夠獲取別人的認真看待。這是我在過去三年來致力主張全民基本收入、縮短工時以及消除貧窮所得到的親身經驗。我一再遭到別人的反駁，指稱這些觀念不切實際、難以負擔，或是根本愚蠢可笑。

過了一段時間之後，我才意識到別人指控我昧於現實，其實和我推論當中的缺陷無關。指責我的觀念「不切實際」只是一種簡略的說法，意指我的觀念不合乎現狀。如果要讓人閉嘴，最好的方法就是讓對方覺得愚蠢。這種做法比限制言論更有效，因為這樣幾乎可以保證對方一定會羞於再度開口。

我剛開始撰文探討基本收入的時候，大多數人都從來沒聽過這種想法。不過，才短短三年後的現在，這項觀念已經到處可見了。芬蘭與加拿大都已宣布舉行大型實驗，這項觀念也在矽谷大為風行，「直接捐贈」（第二章提到的那個組織）更是在肯亞發動了一場基本收入的大規模研究。在我的祖國荷蘭，也已經至少有二十座城市開始推行基本收入措施。

之所以會突然有這麼多人對這項觀念產生興趣，原因是二〇一六年六月五日舉行於瑞士的一場公投。在五年前，也許只有幾百個瑞士人知道基本收入是什麼東西，但今天卻已完全是另一回事。當然，這項提議遭到了龐大的多數否決，但可別忘了在不是太久之前的一九五九年，曾有比例更高的瑞士男性投票否決另一項怪異的烏托邦式提議：女性投票權。後來這項提議在一九七一年舉行第二次公投，就在多數人贊成的情況下獲得通過。

我的重點是：那場瑞士公投不是這項討論的終點，而只是起點而已。自從我這本書的荷蘭文第一版出版以來，我已在巴黎、蒙特婁、紐約、都柏林與倫敦針對這項議題發表過演說。不論到什麼地方，我都見到了眾人對於基本收入的熱切態度，而他們的熱切正是產生自相同的因素。自從二〇〇八年全球金融危機以及英國脫歐與川普崛起的時代以來，現在已有越來越多人渴求能夠化解仇外與不平等問題的一項真正有效的激進解藥，渴求一幅引導世界的全新地圖，渴求希望的新來源。簡言之，他們渴求的就是一個新的烏托邦。

因此，對於所有已經打算將本書提議的觀念付諸實行的人士，我想要提出最後兩項忠告。第一，要知道世界上還有許多像你一樣的人。許許多多的人。我遇過無數的讀者向我表示，他們雖然全心相信本書提出的觀念，卻認為我們面對的現實是個腐敗而且貪婪的世界。我對他們提出的回答是：關掉電視，看看你周遭的人，然後著手進行組織。大多數人的心地確實都是良善的。

第二，我的忠告是要培養出一張厚一點的臉皮。不要被別人牽著鼻子走。我們如果要改變世界，就必須不切實際，不講道理，不可理喻。別忘了：當初那些呼籲廢止奴隸制度、主張女性投票權以及同性婚姻的人也都曾經被貼上瘋子的標籤。不過，歷史終究證明了他們是對的。

誌謝

沒有一本書是獨自一人寫成的，但我從來沒有獲得過這麼多的支持。我首先要感謝《特派員報》（*The Correspondent*）的成員——那裡是我寫作的家，裡頭的人員針對文章與書籍為我提供了建議與指點，也指出了不少錯誤。我也要感謝我的同事，尤其是閱讀了全部或部分手稿的那些人——傑西．福雷德利克（Jesse Frederik）、安德列亞斯．永克斯（Andreas Jonkers）、艾瑞卡．摩爾（Erica Moore）、特拉維斯．穆舍（Travis Mushett）以及羅柏．韋恩貝赫（Rob Wijnberg）——我欠他們一份天大的情。

特別感謝摩凱（Momkai）設計團隊——馬廷．范達姆（Martijn van Dam）、哈拉德．鄧寧克（Harald Dunnink）、莎儂．利亞（Shannon Lea）、辛席雅．梅赫爾（Cynthia Mergel）、里昂．波斯瑪（Leon Postma）與弗雷澤．斯巴罕（Frazer Sparham）——繪製那些精美的資訊圖表（也要感謝他們以無盡的耐心容忍我一次又一次的些微修改）。

我非常榮幸能夠獲得威爾．漢森（Wil Hansen）擔任本書荷蘭文原文版本的編輯，他又再一次挽救我免於犯下邏輯錯誤與彆扭的文句。對於本書英文版的譯者伊莉莎白・曼頓（Elizabeth Manton），我也深深感激她對於語言的敏銳度以及她所提供的珍貴意見。別人問我這本書的英文翻譯進行得如何，我在不久之後就不禁坦承說，我擔心譯本恐怕會比原文更好。

如果沒有我那位了不起的荷蘭出版者米璐・克萊茵・蘭克霍斯特（Milou Klein Lankhorst），這本書絕對不可能獲得成功。她也為我介紹了我後來的經紀人蕾貝嘉・卡特（Rebecca Carter）。蕾貝嘉認定本書具有潛力，於是隨即介紹我認識利特爾布朗出版社（Little, Brown）的班恩・喬治（Ben George）以及布魯姆斯伯里出版社（Bloomsbury）的艾列希斯・基爾申鮑姆（Alexis Kirschbaum）這兩位編輯，而他們的洞見也進一步改善了這本書。

最後，我要感謝上天賜給我家人與朋友的支持，尤其是瑪提荷（Maartje）。她的批評有時候雖然嚴苛，對我而言卻是不可或缺。原因很簡單，因為她說的通常沒錯。

本書如果還是有任何邏輯錯誤、措辭彆扭以及不可能實現的幻想，則完全是我的責任。

註解

1 烏托邦的回歸

1 赤貧狀態意指一天只有不到一．二五美元可以過活，也就是只夠讓人維持活命的金額。見 François Bourguignon and Christian Morrisson, "Inequality among World Citizens: 1820–1992", *American Economic Review*（September 2002）。http://piketty.pse.ens.fr/files/BourguignonMorrisson2002.pdf.

2 在荷蘭，無家可歸的遊民每年獲得的政府救助約為一萬美元。一九五〇年代的荷蘭人均國民生產毛額，依據購買力與通膨進行調整之後，相當於七千四百零八美元（數據取自 gapminder.org）。在一六〇〇至一八〇〇年間，此一數字則是介於兩千至兩千五百美元之間。

3 見史學家 Angus Maddison、J. Bolt 與 J. L. van Zanden 提出的數據，"The First Update of the Maddison Project; Re-Estimating Growth Before 1820", *Maddison Project Working Paper 4*（2013）. http://www.ggdc.net/maddison/maddison-project/home.htm.

4 Herman Pleij, *Dromen van Cocagne. Middeleeuwse fantasieën over het volmaakte leven*（1997）, p. 11.

5 World Health Organization, "Obesity and overweight," Fact sheet No. 311 (March 2013). http://www.who.int/mediacentre/factsheets/fs311/en/.

6 Manuel Eisner, "Long-Term Historical Trends in Violent Crime," University of Chicago (2003), table 2. http://www.vrc.crim.cam.ac.uk/vrcresearch/paperdownload/manuel-eisner-historical-trends-in-violence.pdf.

7 World Bank, "An update to the World Bank's estimates of consumption poverty in the developing world" (2012). http://siteresources.worldbank.org/INTPOVCALNET/Resources/Global_Poverty_Update_2012_02-29-12.pdf.

8 J.O.'s, "Development in Africa: Growth and other good things", *Economist*（May 1, 2013）. http://www.economist.com/blogs/baobab/2013/05/development-africa.

9 UN News Centre, "Deputy UN chief calls for urgent action to tackle global sanitation crisis" (March 21, 2013). http://www.un.org/apps/news/story.asp?NewsID=44452.

10 數據取自 Internet Live Stats。見：http://www.internetlivestats.com.

11 根據世界衛生組織的資料，在二〇〇〇年出生於非洲的人口當中，其平均預期壽命為五十歲，二〇一二年則是五十八歲。http://www.who.int/gho/mortality_burden_disease/life_tables/situation_trends_text/en/.

12 數據取自 World Bank，http://apps.who.int/gho/data/view.main.700?lang=en.

13 個人平均熱量攝取量從一九九〇年的兩千六百大卡上升至二〇一二年的兩千八百四十大卡（在漢南非洲，則是由兩千一百八十大卡上升至兩千三百八十大卡）。Miina Porka et al.，"From Food Insufficiency towards Trade Dependency: A Historical Analysis of Global Food Availability",*Plos One*（December 18, 2013）。http://www.ncbi.nlm.nih.gov/pubmed/24367545。

14 Bjørn Lomborg，"Setting the Right Global Goals", *Project Syndicate* (May 20, 2014). https://www.project-syndicate.org/commentary/bj-rn-lomborg-identifies-the-areas-in-which-increased-development-spending-can-do-the-most-good.

15 其中一人是劍橋大學的 Audrey de Grey，她針對這項議題發表了一場 TED 演說：http://www.ted.com/talks/aubrey_de_grey_says_we_can_avoid_aging.

16 Peter F. Orazem,"Challenge Paper: Education", Copenhagen Consensus Center（April 2014). http://copenhagenconsensus.com/publication/education.

17 "Where have all the burglars gone?", *Economist* (July 18, 2013). http://www.economist.com/news/briefing/21582041-rich-world-seeing-less-and-less-crime-even-face-high-unemployment-and-economic.

18 Francis Fukuyama, "The End of History?", *National Interest*（Summer 1989）. http://ps321.community.uaf.edu/

files/2012/10/Fukuyama-End-of-history-article.pdf.

19 Andrew Cohut et al., *Economies of Emerging Markets Better Rated During Difficult Times. Global Downturn Takes Heavy Toll; Inequality Seen as Rising*, Pew Research（May 23, 2013）, p. 23. http://www.pewglobal.org/files/2013/05/Pew-Global-Attitudes-Economic-Report-FINAL-May-23-20131.pdf.

20 Lyman Tower Sargent, *Utopianism. A Very Short Introduction*（2010）, p. 12。例如佛教對於豐饒之地的想像是：「每當他們想要進食，只要把米放在特定的大石上，就會立刻冒出大火烹調他們的食物。」

21 Ian C. Storey (trans.), *Fragments of Old Comedy*, Vol. III: *Philonicus to Xenophon. Adespota*. Loeb Classical Library, 515（2011）, p. 291. https://www.loebclassics.com/view/telecides-testimonia_fragments/2011/pb_LCL515.291.xml.

22 Russell Jacoby, *Picture Imperfect. Utopian Thought for an Anti-Utopian Age*（2005）. 另見我的上一本（荷蘭文）著作，*De geschiedenis van de vooruitgang*（2013），我在其中討論了 Jacoby 對於兩種烏托邦思想的區辨。

23 George Kateb，引用於：Lyman Tower Sargent, *Utopianism. A Very Short Introduction*（2010），p. 107。儘管如此，任何人只要稍稍閱讀摩爾的烏托邦，一定都不免感到駭異。摩爾描述了一個徹底專制的社會，其中的居民只要犯了輕微的錯誤，就會被賣為奴隸。但我們必須理解的是，這一切看在中世紀農民眼中必定會令他們感到耳目一新。相較於當時常見的絞刑、車裂與火刑，奴役這種刑罰已算是寬鬆得多。但同樣值得一提的是，許多評論家都不明白摩爾的反諷，原因是他們沒有閱讀這部著作的拉丁文原文版本。舉例而言，在摩爾的烏托邦裡，我們的嚮導名叫「Hythlodaeus」，字面上的意思為「胡說八道的人」。

24 Branko Milanovic,"Global Inequality: From Class to Location, from Proletarians to Migrants", World Bank Policy Research Working Paper（September 2011）. http://elibrary.worldbank.org/doi/book/10.1596/1813-9450-5820.

25 關於美國，見：Bryan Caplan, "How Dems and Reps Differ: Against the Conventional Wisdom", *Library of Economics and Liberty*（September 7, 2008）. http://econlog.econlib.org/archives/2008/09/how_dems_and_re.html. 關於英國，見：James Adams, Jane Green, and Caitlin Milazzo, "Has the British Public Depolarized Along with Political Elites? An American Perspective on British Public Opinion", *Comparative Political Studies*（April 2012）. http://cps.sagepub.com/content/45/4/507.

26 見：Alain de Botton, *Religion for Atheists*（2012）, Chapter 3.

27 但不表示這是我們選擇的結果：許多研究都證實了所有已開發國家的絕大多數人口都對物質崇拜、個人主義以及粗俗的現代文化感到擔憂。在美國，一場全國性的民意調查顯示，大多數的美國民眾都希望社會「遠離貪婪與耽溺，轉向以道德觀、社群與家庭為中心的生活」。引用於：Richard Wilkinson and Kate Pickett, *The Spirit Level. Why Equality Is Better for Everyone*（2010）, p. 4.

28 改編自電影《鬥陣俱樂部》（*Fight Club*）的台詞，永續發展教授 Tim Jackson，以及這句話其他數以百計的改編版本。
29 引用於：Don Peck, "How a New Jobless Era Will Transform America", *Atlantic*（March 2010）. http://www.theatlantic.com/magazine/archive/2010/03/how-a-new-jobless-era-will-transform-america/307919/.
30 Wilkinson and Pickett, *The Spirit Level*, p. 34.
31 World Health Organization，"Health for the World's Adolescents. A second chance in the second decade'（June 2014）. http://apps.who.int/iris/bitstream/10665/112750/1/WHO_FWC_MCA_14.05_eng.pdf?ua=1.
32 Wilkinson and Pickett, *The Spirit Level*, p. 36. 此處的比例專指北美洲的青年，但同樣的趨勢在其他已開發國家也明顯可見。
33 引用於：Ashlee Vance, "This Tech Bubble Is Different", *Bloomberg Businessweek*（April 14, 2011）. http://www.business-week.com/magazine/content/11_17/b4225060960537.htm.
34 John Maynard Keynes, "Economic Possibilities for our Grandchildren"（1930）, *Essays in Persuasion*. http://www.econ.yale.edu/smith/econ116a/keynes1.pdf.
35 Bertrand Russell, *Philosophy and Politics*（1947）, p. 14.
36 Bertrand Russell, *Political Ideals*（1917）, Chapter 1.

2 夢想一：如果沒有人落到貧窮線以下

1 這項估計非常保守。英國政府從事的一項研究估計指出，金額為每年每一名街友三萬英鎊（包括社會服務、警力以及司法訴訟等等的支出）。此一案例的金額必然會高出許多，原因是這群人是最惡名昭彰的流浪漢。這項研究提及的金額最高為一年一名街友四十萬英鎊。見：Department for Communities and Local Government, "Evidence Review of the Costs of Homelessness"（August 2012）. https://www.gov.uk/government/uploads/system/uploads/attachment_data/file/7596/2200485.pdf.
2 根據「大道」的報告，受益者通常沒有受到告知他們的「個人預算」當中有多少錢；不過，那份報告後續提到其中一名街友提議把金額從三千英鎊調降為兩千英鎊，因此那人顯然知道金額是多少。
3 那些錢不是直接交給街友。他們所有的開支首先都必須受到「街頭人口管理員」核可，而那名管理員總是「迅速」核可。

其中一名社工接受《經濟學人》雜誌訪談的時候，也證實了這項審查極為有限（見第二章註 6）：「我們只說：『這是你的人生，要怎麼過完全由你決定。但你如果願意的話，我們會為你提供幫助。』」報告中也指出，「在訪談過程裡，許多人談到他們的住處以及個人預算的運用，都使用『我選擇』與『我做出了這項決定』這樣的用語，突顯了他們覺得自己擁有選擇與控制的力量」。

4 The Joseph Rowntree Foundation 針對這項實驗發表了一份詳盡的報告，此處引述的所有話語皆是來自那份報告。見：Juliette Hough and Becky Rice, *Providing Personalised Support to Rough Sleepers. An Evaluation of the City of London Pilot*（2010）. http://www.jrf.org.uk/publications/support-rough-sleepers-london.
另外還有一項評估，見：Liz Blackender and Jo Prestidge, "Pan London Personalised Budgets for Rough Sleepers", *Journal of Integrated Care*（January 2014）。http://www.emeraldinsight.com/journals.htm?articleid=17104939&.

5 這項計畫在二〇一三年擴大實施，納入倫敦市的二十八名街友，其中二十名早已有棲身之所。

6 "Cutting out the middle men", *Economist*（November 4, 2010）. http://www.economist.com/node/17420321.

7 引用於：Jacob Goldstein, "Is It Nuts to Give to the Poor Without Strings Attached?", *New York Times*（August 13, 2013）. http://www.nytimes.com/2013/08/18/magazine/is-it-nuts-to-give-to-the-poor-without-strings-attached.html.

8 Johannes Haushofery and Jeremy Shapiroz, "Policy Brief: Impacts of Unconditional Cash Transfers."https://www.princeton.edu/~joha/publications/Haushofer_Shapiro_Policy_Brief_2013.pdf.

9 聲望崇高的慈善評估機構 GiveWell 審查了超過五百個慈善組織，而在其慈善組織排行榜當中將「直接捐贈」排在第四名。

10 Christopher Blattman, Nathan Fiala, and Sebastian Martinez, "Generating Skilled Self-Employment in Developing Countries: Experimental Evidence from Uganda," *Quarterly Journal of Economics* (November 14, 2013). http://papers.ssrn.com/sol3/papers.cfm?abstract_id=2268552.

11 Christopher Blattman et al., *Building Women's Economic and Social Empowerment Through Enterprise. An Experimental Assessment of the Women's Income Generating Support (WINGS) Program in Uganda* (April 2013). https://openknowledge.worldbank.org/bitstream/handle/10986/17862/860590NWP0Box30ySeriesNo10Uganda0hr.pdf?sequence=1&isAllowed=y. 另見：Isobel Coleman, "Fighting Poverty with Unconditional Cash," *Council on Foreign Relations* (December 12, 2013). http://blogs.cfr.org/development-channel/2013/12/12/fighting-poverty-with-unconditional-cash/.

12 Christopher Blattman et al., "The Returns to Cash and Microenterprise Support Among the Ultra-Poor: A Field Experiment." http://sites.bu.edu/neudc/files/2014/10/paper_15.pdf.

13 以下羅列幾項針對有條件與無條件「現金津貼」的效果所從事的研究。在南非：Jorge M. Agüero and Michael R. Carter, "The Impact of Unconditional Cash Transfers on Nutrition: The South African Child Support Grant", University of Cape Town（August 2006）. http://www.ipc-undp.org/pub/IPCWorkingPaper39.pdf.
在馬拉威：W. K. Luseno et al., "A multilevel analysis of the effect of Malawi's Social Cash Transfer Pilot Scheme on school-age children's health," *Health Policy Plan* (May 2013). http://www.ncbi.nlm.nih.gov/pmc/articles/PMC4110449/.
同樣在馬拉威：Sarah Baird et al., "The Short-Term Impacts of a Schooling Conditional Cash Transfer Program on the Sexual Behavior of Young Women". http://cega.berkeley.edu/assets/cega_research_projects/40/Short_Term_Impacts_of_a_Schooling_CCT_on_Sexual_Behavior.pdf.

14 Charles Kenny, "For Fighting Poverty, Cash Is Surprisingly Effective," *Bloomberg Businessweek* (June 3, 2013). http://www.bloomberg.com/bw/articles/2013-06-03/for-fighting-poverty-cash-is-surprisingly-effective.

15 Joseph Hanlon et al., *Just Give Money to the Poor* (2010), p. 6.

16 Armando Barrientos and David Hulme, "Just Give Money to the Poor. The Development Revolution from the Global South," Presentation for the OECD. http://www.oecd.org/dev/pgd/46240619.pdf.

17 Christopher Blattman and Paul Niehaus, "Show Them the Money. Why Giving Cash Helps Alleviate Poverty," *Foreign Affairs* (May/June 2014).

18 David McKenzie and Christopher Woodruff, "What Are We Learning from Business Training and Entrepreneurship Evaluations around the Developing World?" World Bank Policy Research Working Paper (September 2012). http://ftp.iza.org/dp6895.pdf.

19 Hanlon et al., *Just Give Money to the Poor*, p. 4。當然，現金移轉不是萬靈丹，不會自動建造橋梁或者帶來和平，但這種做法確實能夠造成巨大的改變。現金移轉「在發展方面是最接近仙丹妙藥的做法」，華府的 Center for Global Development 總裁 Nancy Birdsall 指出。引用於：同上，p. 61。

20 應當指出的是，此一減少不具統計顯著性。因此，在大多數的案例中，現金移轉對於菸酒消費程度並無影響。 見 ：David K. Evans and Anna Popova, "Cash Transfers and Temptation Goods. A Review of Global Evidence," World Bank Policy Research Working Papers (May 2014). http://documents.worldbank.org/curated/en/2014/05/19546774/cash-transfers-temptation-goods-review-global-evidence.

21 Blattman and Niehaus, "Show Them the Money."

22 二〇〇九年，《柳葉刀》指出：「有條件與無條件現金移轉的新興資料大體上消除了反對論點，顯示這類方案不會過止成人尋求工作，也不會造就依賴文化而導致跨代貧窮。」見：The Lancet Editorial,"Cash Transfers for Children. Investing into the Future", *Lancet*（June 27, 2009）.

23 Claudia Haarmann et al., "Making the Difference! The BIG in Namibia," Assessment Report (April 2009), p. VII. http://www.bignam.org/Publications/big_Assessment_report_08b.pdf.

24 包括 Thomas Paine、John Stuart Mill、H. G. Wells、George Bernard Shaw、John Kenneth Galbraith、Jan Tinbergen、Martin Luther King，以及 Bertrand Russell。

25 舉例而言，見：Matt Zwolinski, "Why Did Hayek Support a Basic Income?" *Libertarianism.org* (December 23, 2013). http://www.libertarianism.org/columns/why-did-hayek-support-basic-income.

26 Robert van der Veen and Philippe van Parijs, "A Capitalist Road to Communism," *Theory & Society* (1986). https://www.ssc.wisc.edu/~wright/ERU_files/PVP-cap-road.pdf.

27 基本收入的保守派支持者 Charles Murray 所說的話，引用於：Annie Lowrey,"Switzerland's Proposal to Pay People for Being Alive", *New York Times*（November 12, 2013）. http://www.nytimes.com/2013/11/17/magazine/switzerlands-proposal-to-pay-people-for-being-alive.html。

28 引用於：Zi-Ann Lum, 'A Canadian City Once Eliminated Poverty and Nearly Everyone Forgot About It', *Huffington Post.* http://www.huffingtonpost.ca/2014/12/23/mincome-in-dauphin-manitoba_n_6335682.html。

29 引用於：Lindor Reynolds,"Dauphin's Great Experiment", *Winnipeg Free Press*（March 12, 2009）. http://www.winnipeg-freepress.com/local/dauphins-great-experiment.html.

30 此處以及下一節提到的金額單位都是美元。

31 引用於：Vivian Belik,"A Town Without Poverty?", *Dominion*（September 5, 2011）。http://www.dominionpaper.ca/articles/4100。「在許多經濟學家眼中，問題在於這麼做會消除工作的誘因，」另一位研究了米糠計畫的加拿大經濟學家 Wayne Simpson 指出：「證據顯示情況沒有部分文獻指稱的那麼糟糕。」引用於：Lowrey, "Switzerland's Proposal to Pay People for Being Alive"。

32 引自 Vimeo 網站上的一場演說：http://vimeo.com/56648023.

33 Evelyn Forget,"The town with no poverty", University of Manitoba（February 2011）. http://public.econ.duke.edu/~erw/197/forget-cea%282%29.pdf.

34 Allan Sheahen, *Basic Income Guarantee. Your Right to Economic Security*（2012）, p. 108.

35 Dylan Matthews, "A Guaranteed Income for Every American Would Eliminate Poverty – And It Wouldn't Destroy the Economy," *Vox.com* (July 23, 2014). http://www.vox.com/2014/7/23/5925041/guaranteed-income-basic-

poverty-gobry-labor-supply.

36 引用於：Allan Sheahen,"Why Not Guarantee Everyone a Job? Why the Negative Income Tax Experiments of the 1970s Were Successful". USBIG Discussion Paper（February 2002）. http://www.usbig.net/papers/013-Sheahen.doc。研究人員認為，只要政府創造額外的就業機會，民眾甚至可能終究會**增加**工作時數。「現金救助造成的工作活動減少，將可完全受到公共服務部門的就業機會增加所彌補。」

37 Matthews,"A Guaranteed Income for Every American Would Eliminate Poverty".

38 "Economists Urge Assured Income", *New York Times*（May 28, 1968）.

39 Brian Steensland, *The Failed Welfare Revolution. America's Struggle over Guaranteed Income Policy*（2008）, p. 123.

40 引用於：Sheahen, *Basic Income Guarantee*, p. 8.

41 Steensland, *The Failed Welfare Revolution*, p. 69.

42 引用於：Peter Passell and Leonard Ross, "Daniel Moynihan and President-Elect Nixon: How Charity Didn't Begin at Home," *New York Times* (January 14, 1973). http://www.nytimes.com/books/98/10/04/specials/moynihan-income.html.

43 引用於：Leland G. Neuberg, "Emergence and Defeat of Nixon's Family Assistance Plan," USBIG Discussion Paper (January 2004). http://www.usbig.net/papers/066-Neuberg-FAP2.doc.

44 Bruce Bartlett, "Rethinking the Idea of a Basic Income for All," *New York Times Economix* (December 10, 2013). http://economix.blogs.nytimes.com/2013/12/10/rethinking-the-idea-of-a-basic-income-for-all.

45 Steensland, *The Failed Welfare Revolution*, p. 157.

46 Glen G. Cain and Douglas Wissoker, "A Reanalysis of Marital Stability in the Seattle–Denver Income Maintenance Experiment," Institute for Research on Poverty (January 1988). http://www.irp.wisc.edu/publications/dps/pdfs/dp85788.pdf.

47 根據 Harris 在一九六九年從事的一項調查。Mike Alberti and Kevin C. Brown, "Guaranteed Income's Moment in the Sun," *Remapping Debate*. http://www.remappingdebate.org/article/guaranteed-income's-moment-sun.

48 Matt Bruenig, "How a Universal Basic Income Would Affect Poverty," *Demos* (October 3, 2013). http://www.demos.org/blog/10/3/13/how-universal-basic-income-would-affect-poverty.

49 Linda J. Bilmes, "The Financial Legacy of Iraq and Afghanistan: How Wartime Spending Decisions Will Constrain Future National Security Budgets," Faculty Research Working Paper Series (March 2013). https://research.hks.harvard.edu/publications/getFile.aspx?Id=923.

50 試試這項思想實驗：為全球每一個人提供一天一．二五美元的基本收入，會造成每年三兆美元的支出，相當於全球國內生產毛額的百分之三．五。對世界上最貧窮的十三億人口提供相同的現金救助，只需要不到六千億美元，相當於全球國內生產毛額的百分之〇．七左右，而且將可完全消除赤貧現象。

51 Walter Korpi and Joakim Palme, "The Paradox of Redistribution and Strategies of Equality: Welfare State Institutions, Inequality and Poverty in the Western Countries," *American Sociological Review* (October 1998). http://citeseerx.ist.psu.edu/viewdoc/download?doi=10.1.1.111.2584&rep=rep1&type=pdf.

52 Wim van Oorschot, "Globalization, the European Welfare State, and Protection of the Poor," in: A. Suszycki and I. Karolewski (eds), *Citizenship and Identity in the Welfare State* (2013), pp. 37–50.

53 阿拉斯加是最好的例子，因為阿拉斯加是唯一實施全民無條件基本收入（一年略多於一千美元）的政治實體，由石油收益資助。這項措施幾乎受到所有人的一致支持。在安克拉治的阿拉斯加大學，Scott Goldsmith 教授指出，政治人物如果對這項方案提出質疑，就等於是政治自殺。一部分由於這筆金額不高的基本收入，阿拉斯加因此成為美國不平等程度最低的一州。見：Scott Goldsmith, "The Alaska Permanent Fund Dividend: An Experiment in Wealth Distribution," 9th International Congress BIEN (September 12, 2002). http://www.basicincome.org/bien/pdf/2002Goldsmith.pdf.

54 針對樂透得主的行為所從事的研究顯示，就算是中頭獎也極少會令人辭去工作。他們如果確實辭去工作，也是為了多花時間陪伴子女，或是找尋其他工作。見這項著名研究：Roy Kaplan, "Lottery Winners: The Myth and Reality," *Journal of Gambling Behavior* (Fall 1987), pp. 168–78.

55 監獄囚犯就是很好的例子。你也許會認為，他們既然有吃有住，一定很樂於過著閒散放鬆的生活。然而，禁止工作實際上卻是監獄對囚犯的一種懲罰手段。囚犯如果行為不檢，就會遭到禁止進入工廠或廚房。幾乎所有人都想要做出某種貢獻，儘管我們所謂的「工作」與「失業」所代表的意義不免會有所改變。實際上，我們太輕忽了一般人從事的大量無酬工作。

56 這是她在加拿大的電視上所說的話。那段影片可見於以下網址：https://youtu.be/EPRTUZsiDYw?t=45m30s.

3 當心智頻寬超載的時候

1 Jessica Sedgwick, "November 1997: Cherokee Casino Opens" (November 1, 2007). https://blogslib.unc.edu/ncm/index.php/2007/11/01/this_month_nov_1997/.

2 James H. Johnson Jr., John D. Kasarda, and Stephen J. Appold,"Assessing the Economic and Non-Economic Impacts of Harrah's Cherokee Casino, North Carolina"（June 2011）. https://www.kenan-flagler.unc.edu/~/media/Files/kenaninstitute/UNC_KenanInstitute_Cherokee.pdf.

3 屬於十八歲以下兒童的錢都存入一項基金，等到他們成年之後再發放給他們。

4 Jane Costello et al.,"Relationships Between Poverty and Psychopathology. A Natural Experiment", *Journal of the American Medical Association*（October 2003）. http://jama.jamanetwork.com/article.aspx?articleid=197482.

5 引用於：Moises Velasquez-Manoff, "What Happens When the Poor Receive a Stipend?" *New York Times* (January 18, 2014). http://opinionator.blogs.nytimes.com/2014/01/18/what-happens-when-the-poor-receive-a-stipend/。

6 William Copeland and Elizabeth J. Costello, "Parents' Incomes and Children's Outcomes: A Quasi-Experiment", *American Economic Journal: Applied Economics*（January 2010）. http://www.ncbi.nlm.nih.gov/pmc/articles/pmc2891175/.

7 引用於：Velasquez-Manoff, "What Happens When the Poor Receive a Stipend?" 根據科斯特洛的說法，真正造成改變的是現金移轉，而不是各項新設施（例如學校、醫院），因為切羅基人生活的改善從他們收到錢的那一刻開始就已明顯可見，當時那些新設施都還沒出現。

8 Costello et al.,"Relationships Between Poverty and Psychopathology", p. 2029.

9 Richard Dowden,"The Thatcher Philosophy", *Catholic Herald*（December 22, 1978）. http://www.margaretthatcher.org/document/103793.

10 Sendhil Mullainathan and Eldar Shafir, *Scarcity: Why Having Too Little Means So Much*（2013）.

11 Velasquez-Manoff,"What Happens When the Poor Receive a Stipend?"

12 Donald Hirsch,"An estimate of the cost of child poverty in 2013", Centre for Research in Social Policy. http://www.cpag.org.uk/sites/default/files/Cost of child poverty research update(2013).pdf.

13 Donald Hirsch, "Estimating the costs of child poverty", Joseph Rowntree Foundation（October 2008）. http://www.jrf.org.uk/sites/files/jrf/2313.pdf.

14 舉例而言，見：Harry J. Holzer et al.,"The Economic Costs of Poverty in the United States. Subsequent Effects of Children Growing Up Poor", Center for American Progress（January 2007）.https://www.americanprogress.org/issues/poverty/report/2007/01/24/2450/the-economic-costs-of-poverty。

15 我將這些數字四捨五入取其整數。見：Greg J. Duncan, "Economic Costs of Early Childhood Poverty", Partnership for America's Economic Success, Issue Brief #4（February 2008）. http://ready-nation.s3.amazonaws.com/wp-

content/uploads/Economic-Costs-Of-Early-Childhood-Poverty-Brief.pdf.

16 Valerie Strauss,"The cost of child poverty: $500 billion a year", *Washington Post*（July 25, 2013）. http://www.washingtonpost.com/blogs/answer-sheet/wp/2013/07/25/the-cost-of-child-poverty-500-billion-a-year/.

17 Daniel Fernandes, John G. Lynch Jr., and Richard G. Netemeyer,"Financial Literacy, Financial Education and Downstream Financial Behaviors", *Management Science*（January 2014）. http://papers.ssrn.com/sol3/papers.cfm?abstract_id=2333898.

18 亦即平均預期壽命。不論在哪個國家，貧富之間的健康程度自然都存在著相當大的差距，但儘管如此，經濟成長仍然很快就不會再對平均國民預期壽命有所影響。

19 引用於：Rutger Bregman, "99 problemen, 1 oorzaak", *De Correspondent*. https://decorrespondent.nl/388/99-problemen-1oorzaak/14916660-5a5eee06.

20 另見：Brian Nolan et al., *Changing Inequalities and Societal Impacts in Rich Countries: Thirty Countries' Experiences*（2014）。這份報告檢視了一項由歐洲、美國、澳洲、加拿大、日本與南韓等地超過兩百名研究人員所從事的大規模研究，結果發現了一項強烈的關聯性，顯示不平等會導致快樂程度、社會流動性與投票率的降低，還會加強對於地位的渴求。對於犯罪與社會參與的相關性則是沒有那麼明確；貧窮造成的整體負面影響比不平等來得嚴重。

21 諷刺的是，像德國與挪威這類平等程度高的國家，人民反倒最不會把成功的功勞歸在自己頭上。相對之下，美國人則是比較不會把自己的成功視為運氣或情境造成的結果（如世界價值觀調查所示）。

22 Jonathan D. Ostry, Andrew Berg, and Charalambos G. Tsangarides, "Redistribution, Inequality, and Growth", IMF（April 2014）. http://www.imf.org/external/pubs/ft/sdn/2014/sdn1402.pdf.

23 Wilkinson 與 Pickett 的發現引起了不小的騷動，但自從 *The Spirit Level* 出版之後，已有其他數十項研究證實了他們的論點。二〇一一年，Joseph Rowntree Foundation 針對他們的證據進行獨立分析，而斷定不平等與社會問題之間的相關性確實存在著廣泛的科學共識。重要的是，也有大量資料支持此一因果關係。見：Karen Rowlingson,"Does income inequality cause health and social problems?"（September 2011）. http://www.jrf.org.uk/sites/files/jrf/inequality-income-social-problems-full.pdf.

相反的，在福利制度較為廣泛的國家裡，貧富雙方的快樂程度都比較高，也比較不會遭遇這些社會問題。關於這一點的深入研究，見：Patrick Flavin, Alexander C. Pacek, and Benjamin Radcliff, "Assessing the Impact of the Size and Scope of Government on Human Well-Being", *Social Forces*（June 2014）. http://sf.oxfordjournals.org/content/92/4/1241。

24 Jan-Emmanuel De Neve and Nattavudh Powdthavee, "Income Inequality Makes Whole Countries Less Happy",

Harvard Business Review（January 12, 2016）. https://hbr.org/2016/01/income-inequality-makes-whole-countries-less-happy.

25 見 Matthew 26:11、Mark 14:7 以及 John 12:8。

26 引用於：Emily Badger, "Hunger Makes People Work Harder, and Other Stupid Things We Used to Believe About Poverty", *Atlantic Cities*（July 17, 2013）. http://www.theatlanticcities.com/jobs-andeconomy/2013/07/hunger-makes-people-work-harder-and-other-stupid-things-we-used-believe-about-poverty/6219/.

27 Bernard de Mandeville, *The Fable of the Bees, or, Private Vices, Publick Benefits*（1714）.

28 Samuel Johnson, Letter to James Boswell, 7th December 1782.

29 引用於：Kerry Drake,"Wyoming can give homeless a place to live, and save money", *Wyofile*（December 3, 2013）. http://www.wyofile.com/column/wyoming-homelessness-place-live-save-money/.

30 佛羅里達州的一項研究證明指出，一名以街頭為家的遊民造成的成本為每年三萬一千美元，為他們提供住屋與一名社工的成本則只有一萬美元。科羅拉多州的一項研究計算出來的成本分別為每年四萬三千美元與一萬七千美元。見：Kate Santich, "Cost of homelessness in Central Florida? $31K per person", *Orlando Sentinel*（May 21, 2014）. http://articles.orlandosentinel.com/2014-05-21/news/os-cost-of-homelessness-orlando-20140521_1_homeless-individuals-central-florida-commission-tulsa.

還有：Scott Keyes, "Colorado Proves Housing the Homeless Is Cheaper Than Leaving Them on the Streets", *Think Progress*（September 5, 2013）. http://thinkprogress.org/economy/2013/09/05/2579451/coloradohomeless-shelter.

31 Malcolm Gladwell 針對這點寫了一篇極為出色的文章。見：http://gladwell.com/million-dollar-murray.

32 Birgit Kooijman, "Rotterdam haalt daklozen in huis", *Binnenlands Bestuur*（August 28, 2009）.http://www.binnenlandsbestuur.nl/sociaal/achtergrond/achtergrond/rotterdam-haalt-daklozen-inhuis.127589.lynkx.

33 Plan van aanpak Maatschappelijke Opvang Fase II,"Van de straat naar een thuis". http://www.utrecht.nl/fileadmin/uploads/documenten/5.sociaal-maatschappelijk/Zorg_voor_sociaal_kwetsbaren/ocw_Plan_van_Aanpak_MO_fase2_samenvatting_1_.pdf.

34 根據這項行動計畫，這四座大城在二〇〇六年約有一萬名遊民。此一數字在二〇〇九年減少到六千五百人左右，但在二〇一三年又躍升至一萬兩千四百人。見：Statistics Netherlands Statline,"Daklozen; persoonskenmerken". http://statline.cbs.nl/StatWeb/publication/?VW=T&DM=SLNL&PA=80799NED&LA=L。

35 Cebeon,"Kosten en baten van Maatschappelijke opvang. Bouwstenen voor effectieve inzet van publieke

middelen"（2011）. http://www.opvang.nl/site/item/kosten-en-baten-van-maat-schappe-lijke-opvang-bouwstenen-voor-effectieve.
36 Ruper Neate,"Scandal of Europe's 11m empty homes", *Guardian*（February 23, 2014）. http://www.theguardian.com/society/2014/feb/23/europe-11m-empty-properties-enough-house-homeless-continent-twice.
37 Richard Bronson, "Homeless and Empty Homes – An American Travesty", *Huffington Post*（August 24, 2010）. http://www.huffingtonpost.com/richard-skip-bronson/post_733_b_692546.html.
38 引用於：John Stoehr, "The Answer to Homelessness", *American Conservative*（March 20, 2014）. http://www.theamericanconservative.com/articles/the-answer-to-homelessness.
39 引用於：Velasquez-Manoff, "What Happens When the Poor Receive a Stipend?"

4 尼克森錯失的歷史機會

1 英國作家 L. P. Hartley（1895–1972）在其小說 *The Go-Between*（1953）當中所寫的字句。
2 Brian Steensland, *The Failed Welfare Revolution. America's Struggle Over Guaranteed Income Policy*（2008）, p. 93.
3 同上，p. 96。
4 同上，p. 115。
5 Peter Passell and Leonard Ross, "Daniel Moynihan and President-elect Nixon: How charity didn't begin at home", *New York Times*（January 14, 1973）. http://www.nytimes.com/books/98/10/04/specials/moynihan-income.html.
6 同上。
7 近來在約翰霍普金斯大學舉行的一項研究，揭露了美國福利國家在過去三十年來越來越聚焦於「富裕窮人」身上——也就是擁有工作、已婚或是年紀老邁的人口，因為這些人被認為比較「值得」幫助。因此，最貧窮的家庭——其中大多數都缺少父親——在一九八三年以來的境況已惡化了百分之三十五。二〇一二年，有將近一百五十萬個家庭——包括兩百八十萬名兒童——處於「赤貧」狀態，每人每天只有不到兩美元可以過活。見：Gabriel Thompson,"Could You Survive on $2 a Day?", *Mother Jones*（December 13, 2012）.http://www.motherjones.com/politics/2012/12/extreme-poverty-unemployment-recession-economy-fresno.
8 *Reading Mercury*（May 11, 1795）. http://www1.umassd.edu/ir/resources/poorlaw/p1.doc.
9 見：Thomas Malthus,"An Essay on the Principle of Population"（1798）. http://www.esp.org/books/malthus/

population/malthus.pdf.

10 為了簡單起見，我把李嘉圖稱為「經濟學家」，但他在當時是被視為「政治經濟學家」。如同探討國內生產毛額的那一章所解釋的，現代經濟學家是二十世紀發明出來的概念。

11 *Report from His Majesty's Commissioners for Inquiring into the Administration and Practical Operation of the Poor Laws*（1834）, pp. 257–61. http://www.victorianweb.org/history/poorlaw/endallow.html.

12 不過，對於這套制度表面上的失敗，波蘭尼的看法卻與先前的人士不同。他認為史賓漢蘭制度是因為削弱勞工的集體行動而造成壓低工資的效果。

13 Boyd Hilton, *A Mad, Bad & Dangerous People? England 1783–1846*（2006）, p. 594.

14 Fred Block and Margaret Somers, "In the Shadow of Speenhamland: Social Policy and the Old Poor Law", *Politics & Society*（June 2003）, p. 287.

15 舉例而言，孟加拉在一九七〇年仍然平均每名女性生育七名子女，其中有四分之一活不到五歲。現在，孟加拉女性只生育兩名子女，兒童死亡率也下降到百分之四。在世界各地，只要貧窮程度下降，兒童死亡率就會跟著下降，人口成長也隨之減緩。

16 Frances Coppola, "An Experiment With Basic Income", *Pieria*（January 12, 2014）. http://www.pieria.co.uk/articles/an_experiment_with_basic_income. 另見：Walter I. Trattner, *From Poor Law to Welfare State. A History of Social Welfare in America*（1999）, pp. 48–9.

17 Hilton, *A Mad, Bad & Dangerous People?*, p. 592.

18 金本位制是一套貨幣體系，由固定的黃金數量決定金錢價值。英鎊在一八一九年回歸戰前價值造成了通貨緊縮（英鎊升值）。這個結果對於原本就擁有大量金錢的人而言是天大的好消息，但對英國其他人口則不然。小麥價格不斷下跌，農民越來越難取得貸款，失業率也因此飆升。一百年後，凱因斯意識到西方各國政府重蹈了李嘉圖的覆轍，因為那些政府在經濟大蕭條之後仍然持續維繫金本位制。二〇〇八年的金融危機之後也發生了同樣的情形，歐洲緊抱的歐元對於南方國家而言，就有如一套金本位制（那些國家一旦無法讓貨幣貶值，競爭力就隨之下滑，失業率也跟著飆升）。正如一八三四年，一九三〇與二〇一〇年也分別有不少政治人物把這項總體經濟政策造成的後果（貧窮、失業等等），歸因於勞工的懶惰以及福利國家的過度慷慨。

19 B. A. Holderness, "Prices, Productivity and Output", 收錄於：*The Agrarian History of England and Wales*, vol. 6: 1750–1850, ed. G.E. Mingay（1989）, p. 140.

20 Joseph Hanlon et al., *Just Give Money to the Poor*（2010）, pp. 17–18.

21 Block and Somers,"In the Shadow of Speenhamland", p. 312.

22 Mark Blaug,"The Poor Law Report Reexamined", *Journal of Economic History*（June 1964）, pp. 229–45. http://journals.cambridge.org/action/displayAbstract?fromPage=online&aid=7548748.

23 Hanlon et al., *Just Give Money to the Poor*, pp. 16–17.

24 史學家 Gertrude Himmelfarb 在同一年出版了 *The Idea of Poverty*，在其中也重複了馬爾薩斯、邊沁與托克維爾對於史賓漢蘭制度的批評。

25 Matt Bruenig, "When pundits blamed white people for a 'culture of poverty' ", *The Week*（April 1, 2014）. http://theweek.com/article/index/259055/when-pundits-blamed-white-people-for-a-culture-of-poverty.

26 「看見這些結果而發現我們這些科學家錯了，實在令我深感震驚，」莫尼漢向國會表示。身為保守派共和黨人的他之所以向來信奉基本收入，原因是這種做法能夠強化婚姻制度。見：R. A. Levine，"A Retrospective on the Negative Income Tax Experiments: Looking Back at the Most Innovative Field Studies in Social Policy", USBIG Discussion Paper（June 2004）. http://www.usbig.net/papers/086-Levine-et-al-NIT-session.doc.

27 引用於：Steensland, *The Failed Welfare Revolution*, p. 216.

28 Barbara Ehrenreich,"Rediscovering Poverty: How We Cured 'The Culture of Poverty,' Not Poverty Itself", *Economic Hardship Project*（March 15, 2012）. http://www.tomdispatch.com/blog/175516/tomgram%3A_barbara_ehrenreich,_american_poverty,_50_years_later/.

29 Austin Stone,"Welfare: Moynihan's Counsel of Despair", *First Things*（March 1996）. http://www.firstthings.com/article/1996/03/001-welfare-moynihans-counsel-of-despair.

30 Daniel Patrick Moynihan,"Speech on Welfare Reform"（September 16, 1995）. http://www.j-bradford-delong.net/politics/danielpatrickmoynihansspee.html.

31 除此之外，尼克森的計畫一旦實施，將會非常難以廢止，原因是那項計畫必定會迅速獲得廣泛支持。「新政策會創造出新政治，」史廷斯蘭寫道，*The Failed Welfare Revolution*, p. 220.

32 同上，p. 226。

33 同上，p. x。

34 一場針對九十三項歐洲方案進行的大規模統合分析，發現其中至少半數都毫無效果或甚至有負面效果。見：Frans den Butter and Emil Mihaylov, "Activerend arbeidsmarktbeleid is vaak niet effectief", *ESB*（April 2008）. http://personal.vu.nl/f.a.g.den.butter/activerendarbmarktbeleid2008.pdf.

35 Stephen Kastoryano and Bas van der Klaauw, "Dynamic Evaluation of Job Search Assistance", *IZA Discussion Papers*（June 15, 2011）. http://www.roa.nl/seminars/pdf2012/BasvanderKlaauw.pdf.

36 可嘆的是，申請人經常甚至不允許從事有意義的工作以換取救濟，因為這樣將會導致有酬工作減少。

37 Deborah Padfield,"Through the eyes of a benefits adviser: a plea for a basic income", *Open Democracy*（October 5, 2011）. http://www.opendemocracy.net/ourkingdom/deborah-padfield/through-eyes-of-benefits-adviser-plea-for-basic-income.

38 David Graeber,"On the Phenomenon of Bullshit Jobs", *Strike! Magazine*（August 17, 2013）. http://www.strikemag.org/bullshit-job.

5 GDP 這個名詞出現之前與之後

1 Tim Webb, "Japan's economy heads into freefall after earthquake and tsunami", *Guardian*（March 13, 2011）. http://www.theguardian.com/world/2011/mar/13/japan-economy-recession-earthquake-tsunami.

2 Merijn Knibbe, "De bestedingsgevolgen van de watersnoodramp: een succesvolle 'Keynesiaanse' schok", *Lux et Veritas*（April 1, 2013）. http://www.luxetveritas.nl/blog/?p=3006.

3 Frédéric Bastiat,"Ce qu'on voit et ce qu'on ne voit pas"（1850）. http://bastiat.org/en/twisatwins.html.

4 引用於：Diane Coyle, *GDP. A Brief But Affectionate History*（2014）, p. 106.

5 OECD（2011）,"Cooking and Caring, Building and Repairing: Unpaid Work around the World", *Society at a Glance 2011*, p. 25. http://www.oecd-ilibrary.org/social-issues-migration-health/society-at-a-glance-2011/cooking-and-caring-building-and-repairing_soc_glance-2011-3-en. 另見：Coyle, *GDP*, p. 109.

6 Coyle, *GDP*, p. 108.

7 J. P. Smith," 'Lost milk?': Counting the economic value of breast milk in gross domestic product", *Journal of Human Lactation*（November 2013）. http://www.ncbi.nlm.nih.gov/pubmed/23855027.

8 International Institute for Strategic Studies 指出，中國在二〇一三年花費在軍隊上的支出為一千一百二十億美元。

9 統計學家確實試圖把產品進步納入考量，但這點非常難以做到。有些技術性裝置，例如檯燈與電腦，只有一小部分能夠反映於國內生產毛額裡。見：Diane Coyle, *The Economics of Enough. How to Run the Economy as if the Future Matters*（2012）, p. 37.

10 Robert Quigley,"The Cost of a Gigabyte Over the Years", *Geeko-system*（March 8, 2011）. http://www.geekosystem.com/gigabyte-cost-over-years.

11 Erik Brynjolfsson and Andrew McAfee, *The Second Machine Age*（2014）, p. 112.
12 Clifford Cobb, Ted Halstead, and Jonathan Rowe, "If the GDP is Up, Why is America Down?", *Atlantic Monthly*（October 1995）. http://www.theatlantic.com/past/politics/ecbig/gdp.htm.
13 Jonathan Rowe,"The Gross Domestic Product". Testimony before the U.S. Senate Committee on Commerce, Science and Transportation（March 12, 2008）. http://jonathanrowe.org/the-gross-domestic-product.
14 國內生產毛額如果據此做出校正，金融業的占比將減少五分之一至三分之一。見：Coyle, *GDP*, p. 103.
15 David Pilling, "Has GDP outgrown its use?", *Financial Times*（July 4, 2014）. http://www.ft.com/intl/cms/s/2/dd2ec158-023d-11e4-ab5b-00144feab7de.html–axzz39szhgwni.
16 引用於：European Systemic Risk Board,"Is Europe Overbanked?"（June 2014）, p. 16.
17 Oscar Wilde, *The Soul of Man under Socialism*（1891）.
18 引用於：Coyle, *GDP*, p. 10.
19 引用於：J. Steven Landefeld,"GDP: One of the Great Inventions of the 20th Century", Bureau of Economic Analysis. http://www.bea.gov/scb/account_articles/general/0100od/maintext.htm.
20 Maarten van Rossem, *Drie Oorlogen. Een kleine geschiedenis van de 20e eeuw*（2008）, p. 120.
21 引用於：Landefeld,"GDP: One of the Great Inventions of the 20th Century".
22 Timothy Shenk,"The Long Shadow of Mont Pèlerin", *Dissent*（Fall 2013）. http://www.dissentmagazine.org/article/the-long-shadow-of-mont-pelerin.
23 引用於：Jacob Goldstein, "The Invention of 'The Economy' ", *Planet Money*（February 28, 2014）. http://www.npr.org/blogs/money/2014/02/28/283477546/the-invention-of-the-economy.
24 Coyle, *GDP*, p. 25.
25 甘迺迪的那場演說可聆聽於以下網址：https://www.youtube.com/watch?v=5P6b9688K2g.
26 John Stuart Mill, *Utilitarianism*（1863）, Chapter 2.
27 Oscar Wilde, *A Woman of No Importance*（1893）, Act II.
28 見：William Baumol, *The Cost Disease. Why Computers Get Cheaper and Health Care Doesn't*（2012）.
29 當然有人努力過。例如在教育中利用選擇題將測驗標準化、採用線上課程，以及擴大班級規模。不過，這些效率提升都必須以品質下降的代價換取。
30 Susan Steed and Helen Kersley,"A Bit Rich: Calculating the Real Value to Society of Different Professions", *New Economics Foundation*（December 14, 2009）. http://www.neweconomics.org/publications/entry/a-bit-rich.

31 Kevin Kelly, "The Post-Productive Economy", *Technium*（January 1, 2013）. http://kk.org/thetechnium/2013/01/the-post-produc.

32 Simon Kuznets,"National Income, 1929–1932", National Bureau of Economic Research（June 7, 1934）. http://www.nber.org/chapters/c2258.pdf.

33 Coyle, *GDP*, p. 14.

34 Simon Kuznets,"How to Judge Quality", *New Republic*（October 20, 1962）.

6 夢想二：如果每個人一週工作十五小時

1 John Maynard Keynes, "Economic Possibilities for our Grandchildren"（1930）, *Essays in Persuasion*. http://www.econ.yale.edu/smith/econ116a/keynes1.pdf.

2 John Stuart Mill, *Principles of Political Economy with Some of Their Applications to Social Philosophy*（1848）, Book IV, Chapter VI. http://www.econlib.org/library/Mill/mlP61.html.

3 引自 Bertrand Russell 的文章 "In Praise of Idleness"（1932）。http://www.zpub.com/notes/idle.html.

4 Benjamin Kline Hunnicutt, "The End of Shorter Hours", *Labor History*（Summer 1984）, pp. 373–404.

5 同上。

6 Samuel Crowther,"Henry Ford: Why I Favor Five Days' Work With Six Days' Pay", *World's Work*. https://en.wikisource.org/wiki/HENRY_FORD:Why_I_Favor_Five_Days'_Work_With_Six_Days'_Pay.

7 Andrew Simms and Molly Conisbee, "National Gardening Leave"，收錄於：Anna Coote and Jane Franklin (eds), *Time on Our Side. Why We All Need a Shorter Workweek*（2013）, p. 155.

8 "Nixon Defends 4-Day Week Claim", *Milwaukee Sentinel*（September 25, 1956）.

9 Jared Cohen, *Human Robots in Myth and Science*（1966）.

10 Hillel Ruskin (ed.), *Leisure. Toward a Theory and Policy*（1984）, p. 152.

11 Isaac Asimov, "Visit to the World's Fair of 2014", *New York Times*（August 16, 1964）. http://www.nytimes.com/books/97/03/23/lifetimes/asi-v-fair.html.

12 引用於：Daniel Akst, "What Can We Learn from Past Anxiety Over Automation?", *Wilson Quarterly*（Summer 2013）. http://wilsonquarterly.com/quarterly/summer-2014-where-have-all-the-jobs-gone/theres-much-learn-

from-past-anxiety-over-automation/.
13 《傑森一家》的這一幕出現於第一季第十九集。
14 引用於：Matt Novak, '50 Years of the Jetsons: Why the Show Still Matters', *Smithsonian*（September 19, 2012）. http://www.smithsonianmag.com/history/50-years-of-the-jetsons-why-the-show-still-matters-43459669/.
15 Sangheon Lee, Deirdre McCann, and Jon C. Messenger, *Working Time Around the World. Trends in Working Hours, Laws and Policies in a Global Comparative Perspective*（2007）. http://www.ilo.org/wcmsp5/groups/public/@dgreports/@dcomm/@publ/documents/publication/wcms_104895.pdf.
16 Rasmussen Reports, "Just 31% Work a 40-Hour Week"（December 13, 2013）. http://www.rasmussenreports.com/public_content/lifestyle/general_lifestyle/december_2013/just_31_work_a_40_hour_week.
17 Wall Street Journal Staff, *Here Comes Tomorrow! Living and Working in the Year 2000*（1967）.
18 Hanna Rosin, "The End of Men", *Atlantic*（July/August 2010）. http://www.theatlantic.com/magazine/archive/2010/07/the-end-of-men/308135/2/.
19 New Economics Foundation, *21 Hours. Why a Shorter Working Week Can Help Us All to Flourish in the 21st Century*, p. 10. http://www.neweconomics.org/publications/entry/21-hours.
20 引用於：Mirjam Schöttelndreier, "Nederlanders leven vooral om te werken", *De Volkskrant*（January 29, 2001）.
21 D'Vera Cohn, "Do Parents Spend Enough Time With Their Children?", *Population Reference Bureau*（January 2007）. http://www.prb.org/Publications/Articles/2007/DoParentsSpendEnoughTimeWithTheirChildren.aspx.
22 Rebecca Rosen, "America's Workers: Stressed Out, Overwhelmed, Totally Exhausted", *Atlantic*（March 2014）. http://www.theatlantic.com/business/archive/2014/03/americas-workers-stressed-out-overwhelmed-totally-exhausted/284615/.
23 Netherlands Institute for Social Research, *Nederland in een dag. Tijdsbesteding in Nederland vergeleken met die in vijftien andere Europese landen*（2011）.
24 Dutch National Working Conditions Survey (*Nationale Enquête Arbeidsomstandigheden*) 2012. http://www.monitorarbeid.tno.nl/dynamics/modules/SFIL0100/view.php?fil_Id=53.
25 Derek Thompson, "Are We Truly Overworked? An Investigation – In 6 Charts", *Atlantic*（June 2013）. http://www.theatlantic.com/magazine/archive/2013/06/are-we-truly-overworked/309321/.
26 Yoon Ja-young, "Smartphones leading to 11 hours' extra work a week", *Korea Times*. http://www.koreatimes.

co.kr/www/news/biz/2016/06/488_207632.html.

27 這是利用 http://www.gapminder.org 網站計算出來的結果。

28 引用於：Herman Pleij, *Dromen van Cocagne. Middeleeuwse fantasieën over het volmaakte leven*（1997） p. 49.

29 Juliet Schor, *The Overworked American. The Unexpected Decline of Leisure*（1992）, p. 47. 值得一提的是，狩獵採集者可能工作得更少。考古學家估計他們一週的工作時數不超過二十個小時。

30 Benjamin Kline Hunnicutt, *Kellogg's Six-Hour Day*（1996）, p. 35.

31 亞當．斯密在他的經典著作《國富論》裡寫道：「一個人如果只從事少量的工作而能夠持續不斷工作，不但可維持最長久的健康，也能夠在一年裡完成最大量的工作。」

32 Kline Hunnicutt, *Kellogg's Six-Hour Day*（1996）, p. 62.

33 家樂的日工時在第二次世界大戰期間短暫回復為八小時，但戰後絕大多數的員工都投票支持把日工時改回六小時；直到家樂的玉米片工廠主管獲准自行訂定工時之後，他們才又再度把日工時延長為八小時。不過，愛荷華大學的 Benjamin Kline Hunnicutt 教授指出，終究是外來的社會壓力打垮了日工時六小時的措施，因為大家都不希望自己工作與消費的腳步落後於別人。儘管如此，還是有五百三十名玉米片工人撐到一九八五年才放棄六小時的日工時。

34 New Economics Foundation, *21 Hours*, p. 11.

35 近來一項針對二十世紀初以來的獨立工作實驗所進行的分析，發現自主性與控制遠比工作時數重要得多。能夠自己規劃時間的人，做起事來比較有動力，也能夠達成比較好的結果。見：M. Travis Maynard, Lucy L. Gilson, and John E. Mathieu, "Empowerment – Fad or Fab? A Multilevel Review of the Past Two Decades of Research", *Journal of Management*（July 2012）. http://jom.sagepub.com/content/38/4/1231.

36 Sara Robinson, "Bring back the 40-Hour work week", *Salon*（March 14, 2012）. http://www.salon.com/2012/03/14/bring_back_the_40_hour_work_week.

37 關於這一點的概述，見：Nicholas Ashford and Giorgos Kallis, "A Four-day Workweek: A Policy for Improving Employment and Environmental Conditions in Europe", *European Financial Review*（April 2013）.http://www.europeanfinancialreview.com/?p=902.

38 Christian Kroll and Sebastian Pokutta, "Just a Perfect Day? Developing a Happiness Optimised Day Schedule", *Journal of Economic Psychology*（February 2013）. http://www.sciencedirect.com/science/article/pii/S0167487012001158.

39 David Rosnick, *Reduced Work Hours as a Means of Slowing Climate Change*（Center for Economic and Policy Research）. http://www.cepr.net/documents/publications/climate-change-workshare-2013-02.pdf.

40 Kyle Knight, Eugene A. Rosa, and Juliet B. Schor, "Reducing Growth to Achieve Environmental Sustainability: The Role of Work Hours". http://www.peri.umass.edu/fileadmin/pdf/working_papers/working_papers_301-350/4.2KnightRosaSchor.pdf.

41 一項研究顯示，實習醫師在一週當中一旦超時工作，犯下的診斷錯誤就可高達正常工時情況下的五倍之多。Christopher P. Landrigan et al., "Effect of Reducing Interns' Work Hours on Serious Medical Errors in Intensive Care Units", *New England Journal of Medicine*（October 2004）. http://www.nejm.org/doi/full/10.1056/nejmoa041406. 另外也有許多研究證實工作太努力對健康有害。這項統合分析請見：Kate Sparks et al., "The Effects of Hours of Work on Health: A Meta-Analytic Review", *Journal of Occupational and Organizational Psychology*（August 2011）. http://onlinelibrary.wiley.com/doi/10.1111/j.2044-8325.1997.tb00656.x/abstract.

42 Jon C. Messenger and Naj Ghosheh, "Work Sharing during the Great Recession"（International Labour Organization）. http://www.ilo.org/wcmsp5/groups/public/---dgreports/---dcomm/---publ/documents/publication/wcms_187627.pdf.

43 在這場危機後狀況優於歐洲其他國家的德國，這種做法挽救了好幾十萬份工作。另見：Nicholas Ashford and Giorgos Kallis, "A Four-day Workweek". http://www.europeanfinancialreview.com/?p=902.

44 Andreas Kotsadam and Henning Finseraas, "The State Intervenes in the Battle of the Sexes: Causal Effects of Paternity Leave", *Social Science Research*（November 2011）. http://www.sciencedirect.com/science/article/pii/S0049089X11001153.

45 Ankita Patnaik, 'Merging Spheres: The Role of Policy in Promoting Dual-Earner Dual-Carer Households', Population Association of America 2014 Annual Meeting. https://www.researchgate.net/publication/255698124_Merging_Separate_Spheres_The_Role_of_Policy_in_Promoting_'Dual-Earner_Dual-Carer'_Households.

46 Rutger Bregman, 'Zo krijg je mannen achter het aanrecht', *De Correspondent*. https://decorrespondent.nl/685/Zo-krijg-je-mannen-achter-het-aanrecht/26334825-a492b4c6.

47 Niels Ebdrup, "We Should Only Work 25 Hours a Week, Argues Professor", *Science Nordic*（February 3, 2013）. http://sciencenordic.com/we-should-only-work-25-hours-week-argues-professor.

48 Erik Rauch, "Productivity and the Workweek". http://groups.csail.mit.edu/mac/users/rauch/worktime.

49 關於各國民眾態度的概觀，見：Robert Skidelsky and Edward Skidelsky, *How Much Is Enough? The Love of Money and the Case for the Good Life*（2012）, pp. 29–30.

50 關於這點的概述，見：Jonathan Gershuny and Kimberly Fisher, "Post-Industrious Society: Why Work Time Will

Not Disappear for Our Grandchildren", *Sociology Working Papers*（April 2014）. http://www.sociology.ox.ac.uk/working-papers/post-industrious-society-why-work-time-will-not-disappear-for-our-grandchildren.html。

51 Richard Layard, *Happiness*（2005）, p. 64. 另見：Don Peck, "How a New Jobless Era Will Transform America", *Atlantic*（March 2010）. http://www.theatlantic.com/magazine/archive/2010/03/how-a-new-jobless-era-will-transform-america/307919/.

52 Juliet Schor, "The Triple Dividend", 收錄於：Anna Coote and Jane Franklin (eds), *Time on Our Side. Why We All Need a Shorter Workweek*（2013）, p. 14.

53 Carl Honoré, *In Praise of Slow*（2004）, Chapter 8.

54 Schor, *The Overworked American*, p. 66.

55 想想訓練、退休計畫、失業保險以及醫療的成本（醫療成本在美國尤其如此）。大多數國家都在近年來發現這些「時數不變的成本」出現上漲。見：Schor, "The Triple Dividend", p. 9.

56 Nielsen Company, "Americans Watching More TV Than Ever". http://www.nielsen.com/us/en/insights/news/2009/americans-watching-more-tv-than-ever.html。另見：http://www.statisticbrain.com/television-watching-statistics.

57 Bertrand Russell, *In Praise of Idleness*（1935, 2004）, p. 14.

7 為什麼紐約的人都想當清潔隊員

1 這段罷工情景的描述參考自當時的《紐約時報》報導。

2 'Fragrant Days in Fun City', *Time*（2/16/1968）.

3 華府在二〇一四年正式登記的遊說人士雖然只有一萬兩千兩百八十一名，卻不足以代表實際上的情境，因為現在有越來越多的遊說人士都是在檯面下運作。Lee Fang,"Where Have All the Lobbyists Gone?", *Nation*（February 19, 2014）. http://www.thenation.com/article/shadow-lobbying-complex/.

4 Jean-Louis Arcand, Enrico Berkes, and Ugo Panizza, "Too Much Finance?", *IMF Working Paper*（June 2012）.

5 Scott L. Cummings (ed.), *The Paradox of Professionalism. Lawyers and the Possibility of Justice*（2011）, p. 71.

6 Aalt Dijkhuizen, "Hoogproductieve en efficiënte landbouw: een duurzame greep!?"（March 2013）. https://www.wageningenur.nl/upload_mm/a/3/9/351079e2-0a56-41ff-8f9c-ece427a42d97_NVTL maart 2013.pdf.

7 Umair Haque,"The Irish Banking Crisis: A Parable", *Harvard Business Review*（November 29, 2010）.

8 Ann Crotty,"How Irish pubs filled the banks' role in 1970", *Business Report*（September 18, 2013）.

9 Antoin Murphy,"Money in an Economy Without Banks – The Case of Ireland",*Manchester School*（March 1978）, pp. 44–5.

10 Donal Buckley,"How six-month bank strike rocked the nation", *Independent*（December 29, 1999）.

11 Haque,"The Irish Banking Crisis: A Parable".

12 Roger Bootle,"Why the economy needs to stress creation over distribution", *Telegraph*（October 17, 2009）.

13 John Maynard Keynes,"Economic Possibilities for our Grandchildren"（1930）, *Essays in Persuasion*. http://www.econ.yale.edu/smith/econ116a/keynes1.pdf.

14 David Graeber, "On the Phenomenon of Bullshit Jobs", *Strike! Magazine*（August 17, 2013）. http://www.strikemag.org/bullshit-job.

15 Alfred Kleinknecht, Ro Naastepad, and Servaas Storm,"Overdaad schaadt: meer management, minder productiviteitsgroei", *ESB*（September 8, 2006）.

16 見：Tony Schwartz and Christine Poratz,"Why You Hate Work", *New York Times*（May 30, 2014）.http://www.nytimes.com/2014/06/01/opinion/sunday/why-you-hate-work.html?_r=1.

17 Will Dahlgreen,"37% of British workers think their jobs are meaningless",YouGov（August 12, 2015）. https://yougov.co.uk/news/2015/08/12/british-jobs-meaningless.

18 如同我們在第四章見過的，對於歐洲九十三項「積極勞動市場」方案進行的大規模統合分析，發現至少有半數毫無效果或甚至有負面效果。見：Frans den Butter and Emil Mihaylov,"Activerend arbeidsmarktbeleid is vaak niet effectief", ESB（April 2008）. http://personal.vu.nl/f.a.g.den.butter/activerendarbmarktbeleid2008.pdf.

19 Peter Thiel,"What happened to the future?", *Founders Fund*. http://www.foundersfund.com/the-future.

20 William Baumol, "Entrepreneurship: Productive, Unproductive, and Destructive", *Journal of Political Economy*（1990）, pp. 893–920.

21 Sam Ro,"Stock Market Investors Have Become Absurdly Impatient", *Business Insider*(August 7, 2012). http://www.businessinsider.com/stock-investor-holding-period-2012-8.

22 Benjamin Lockwood, Charles Nathanson, and E. Glen Weyl, "Taxation and the Allocation of Talent". http://papers.ssrn.com/sol3/papers.cfm?abstract_id=1324424.

23 Stijn Hustinx, "Iedereen in New York wil vuilnisman worden", *Algemeen Dagblad*（November 12, 2014）.

8 第二次機器時代的進步果實

1 馬匹類別資料來自：Agricultural Census, *A Vision of Britain through Time.* http://www.visionofbritain.org.uk/unit/10001043/cube/AGCEN_HORSES_1900.

2 引用於：Erik Brynjolfsson and Andrew McAfee, *The Second Machine Age*（2014）, p. 175.

3 引用於：*Leeds Mercury*（March 13, 1830）.

4 Michael Greenstone and Adam Looney, "Trends", *Milken Institute Review*（Fall 2011）. http://www.milkeninstitute.org/publications/review/2011_7/08-16MR51.pdf.

5 Gordon Moore, "Cramming more components onto integrated circuits", *Electronics Magazine*（April 19, 1965）. http://web.eng.fiu.edu/npala/eee6397ex/Gordon_Moore_1965_Article.pdf.

6 Intel, "Excerpts from a Conversation with Gordon Moore: Moore's Law"（2005）. http://large.stanford.edu/courses/2012/ph250/lee1/docs/Excepts_A_Conversation_with_Gordon_Moore.pdf.

7 摩爾在一九六五年仍然假設電晶體的數量每隔十二個月就會增加一倍。他在一九七〇年把時間調整為二十四個月。現在，一般公認的時間是十八個月。

8 Arthur Donovan and Joseph Bonner, *The Box That Changed the World: Fifty Years of Container Shipping*（2006）.

9 我是因為 *Atlantic* 雜誌的一篇文章而開始思考晶片與貨櫃的同時出現。當然，全球化與科技發展不可能區隔，因為全球化就是由科技進展促成的。見：Charles Davi, "The Mystery of the Incredible Shrinking American Worker", *Atlantic*（February 11, 2013）. http://www.theatlantic.com/business/archive/2013/02/the-mystery-of-the-incredible-shrinking-american-worker/273033/.

10 經合組織估計認為，工資在國內生產毛額當中的占比下滑，有百分之八十是科技（主要是資訊與通信科技）造成的結果。這種趨勢在中國與印度等國也明顯可見，那些國家的勞工占比同樣出現了下滑。另見：Loukas Karabarbounis and Brent Neiman,"The Global Decline of the Labor Share", *Quarterly Journal of Economics* (February 2014). http://qje.oxfordjournals.org/content/129/1/61.abstract.

11 Robert H. Frank and Philip J. Cook, *The Winner-Take-All Society: Why the Few at the Top Get So Much More Than the Rest of Us*（1996）.

12 Walter Scheidel and Steven J. Friesen, "The Size of the Economy and the Distribution of Income in the Roman Empire", *Journal of Roman Studies*（November 2009）. http://journals.cambridge.org/action/displayAbstract?fromPage=online&aid=7246320&fileId=S0075435800000071.

13 Kaja Bonesmo Fredriksen, "Income Inequality in the European Union", OECD Working Papers（April 16, 2012）. http://search.oecd.org/officialdocuments/displaydocument-pdf/?cote=eco/wkp(2012)29&docLanguage=En.

14 Derek Thompson, "This Is What the Post-Employee Economy Looks Like", *Atlantic*（April 20, 2011）. http://www.theatlantic.com/business/archive/2011/04/this-is-what-the-post-employee-economy-looks-like/237589/.

15 以醫事放射師為例：他們必須接受十年以上的訓練，也是薪資數一數二高的醫學專業人士——但這種情形還會持續多久？他們在不久之後可能就必須和高科技掃描器競爭，而那些機器不但能夠把這件工作做得更好，而且成本只有人力的百分之一。律師早已面臨了類似的問題。過去需要由高薪的法律學者查閱大量法律文件的研究工作，現在已可由電腦從事，而電腦可是不會頭痛也不會眼睛痠澀。一家大型化學公司在近期針對其法務人員在一九八〇與九〇年代從事的工作發布了一套軟體，結果發現正確率只有百分之六十。「想想看你必須投注多少錢才能得到比拋硬幣稍微好一點的結果，」一名前律師省思道。見：John Markoff, "Armies of Expensive Lawyers, Replaced by Cheaper Software", *New York Times*（March 4, 2011）.http://www.nytimes.com/2011/03/05/science/05legal.html.

16 最早說這個笑話的是 Warren G. Bennis。引用於：Mark Fisher, *The Millionaire's Book of Quotations*（1991）, p. 15.

17 Carl Benedikt Frey and Michael A. Osborne, "The Future of Employment: How Susceptible Are Jobs to Computerisation?", Oxford Martin School（September 17, 2013）. http://www.oxfordmartin.ox.ac.uk/downloads/academic/The_Future_of_Employment.pdf. 關於歐洲方面的統計，見：http://www.bruegel.org/nc/blog/detail/article/1399-chart-of-the-week-54-percent-of-eu-jobs-atrisk-of-computerisation.

18 Gary Marcus, "Why We Should Think About the Threat of Artificial Intelligence", *New Yorker*（October 24, 2013）. http://www.newyorker.com/online/blogs/elements/2013/10/why-we-should-think-about-the-threat-of-artificial-intelligence.html.

19 Susan B. Carter, "Labor Force for Historical Statistics of the United States, Millennial Edition"（September 2003）. http://economics.ucr.edu/papers/papers04/04-03.pdf.

20 Yale Brozen, "Automation: The Retreating Catastrophe", *Left & Right*（September 1966）. https://mises.org/library/automation-retreating-catastrophe.

21 David Rotman, "How Technology Is Destroying Jobs", *MIT Technology Review*（June 12, 2013）.http://www.technologyreview.com/featuredstory/515926/how-technology-is-destroying-jobs.

22 引用於：Brynjolfsson and McAfee, *The Second Machine Age*, p. 27.

23 Ian Morris, *Why the West Rules – For Now*（2010）, p. 495.

24 同上，p. 497。

25 Diane Coyle, *GDP. A Brief But Affectionate History*（2014）, p. 79.
26 Frank Levy and Richard Murnane, *The New Division of Labor*（2004）.
27 跡象顯示，自從二〇〇〇年以來，即便是高度技術性的工作也受到了威脅，從而促使高度技術性勞工轉而搶占技術程度較低的工作。現在已有越來越多的受雇員工對其工作而言都是大材小用。見：Paul Beaudry, David A. Green, and Ben Sand, "The Great Reversal in the Demand for Skill and Cognitive Tasks", National Bureau of Economic Research (January 2013). http://www.economics.ubc.ca/files/2013/05/pdf_paper_paul-beaudry-great-reversal.pdf.
28 Bas ter Weel, "Banen in het midden onder druk", CPB Netherlands Bureau for Economic Policy Analysis Policy Brief（June 2012）. http://www.cpb.nl/sites/default/files/publicaties/download/cpb-policy-brief-2012-06-loonongelijkheid-nederland-stijgt.pdf.
29 全球化甚至可能遏阻了科技進步。畢竟，目前我們的衣物並不是由機械手臂或者智慧生化人所製造，而是由越南與中國兒童的瘦弱雙手所生產。對於許多公司而言，把工作外包至亞洲仍然比使用機器人更節省成本。這可能也是為什麼許多二十世紀的重大科技夢想尚未實現的原因。見：David Graeber, "Of Flying Cars and the Declining Rate of Profit", *The Baffler*（2012）。
30 Andrew McAfee, "Even Sweatshops Are Getting Automated. So What's Left?"（May 22, 2014）.http://andrewmcafee.org/2014/05/mcafee-nike-automation-labor-technology-globalization/.
31 Steven E. Jones, *Against Technology. From the Luddites to Neo-Luddism*（2006）, Chapter 2.
32 "Leeds Woollen Workers Petition, 1786", *Modern History Sourcebook*. http://www.fordham.edu/halsall/mod/1786machines.asp.
33 引用於：Robert Skidelsky, "Death to Machines?", *Project Syndicate*（February 21, 2014）. http://www.project-syndicate.org/commentary/robert-skidelsky-revisits-the-luddites--claim-that-automation-depresses-real-wages.
34 Oscar Wilde, 'The Soul of Man under Socialism'（1891）.
35 Tyler Cowen, *Average Is Over. Powering America Beyond the Age of the Great Stagnation*（2013）, p. 23.
36 同上，p. 172。
37 引用於：Daron Acemoglu and James A. Robinson, *Why Nations Fail. The Origins of Power, Prosperity and Poverty*（2012）, p. 226.
38 Oscar Wilde, 'The Soul of Man under Socialism'（1891）.
39 Thomas Piketty, "Save capitalism from the capitalists by taxing wealth", *Financial Times*（March 28, 2014）. http://www.ft.com/intl/cms/s/0/decdd76e-b50e-11e3-a746-00144feabdc0.html-axzz44qTtjlZN.

9 夢想三：如果可以扔掉護照和簽證

1 OECD, "Aid to developing countries rebounds in 2013 to reach an all-time high"（April 8, 2014）.http://www.oecd.org/newsroom/aid-to-developing-countries-rebounds-in-2013-to-reach-an-all-time-high.htm.

2 Owen Barder, "Is Aid a Waste of Money?", *Center for Global Development*（May 12, 2013）. http://www.cgdev.org/blog/aid-waste-money.

3 Linda J. Bilmes, "The Financial Legacy of Iraq and Afghanistan: How Wartime Spending Decisions Will Constrain Future National Security Budgets", Faculty Research Working Paper Series（March 2013）. https://research.hks.harvard.edu/publications/getFile.aspx?Id=923.（另見第一章。）

4 我在二〇〇九年從事了這項計算。見：OECD, "Agricultural Policies in OECD Countries"（2009）. http://www.oecd.org/tad/agricultural-policies/43239979.pdf.

5 Dambisa Moyo, *Dead Aid*（2009）, p. 39.

6 杜芙若的 TED 演說可見於以下網址：http://www.ted.com/talks/esther_-duflo_social_experiments_to_fight_poverty.

7 我們在〈但以理書〉當中看不到這項「隨機對照」。現代研究通常還會採取「雙盲」做法，也就是說醫師與病患都不曉得誰獲得了藥物。

8 Alfredo Morabia, "Pierre-Charles-Alexandre Louis and the evaluation of bloodletting", *Journal of the Royal Society of Medicine*（March 2006）. http://www.ncbi.nlm.nih.gov/pmc/articles/pmc1383766/pdf/0158.pdf.

9 Jessica Benko, "The Hyper-Efficient, Highly Scientific Scheme to Help the World's Poor", *Wired*（December 11, 2013）. http://www.wired.com/2013/11/jpal-randomized-trials/.

10 Paul Glewwe, Michael Kremer, and Sylvie Moulin, "Textbooks and Test Scores: Evidence from a Prospective Evaluation in Kenya"（December 1, 1998）. http://www.econ.yale.edu/~egcenter/infoconf/kremer_paper.pdf.

11 引用於：Ian Parker, "The Poverty Lab", *New Yorker*（May 17, 2010）. http://www.newyorker.com/reporting/2010/05/17/100517fa_fact_parker.

12 Jessica Cohen and Pascaline Dupas, "Free Distribution or Cost-Sharing? Evidence from a Malaria Prevention Experiment", NBER Working Paper Series（October 2008）. http://www.nber.org/papers/w14406.pdf.

13 見：Abhijit Banerjee, Esther Duflo, Rachel Glennerster, and Cynthia Kinnan, "The miracle of microfinance? Evidence from a randomized evaluation"（May 30, 2009）. http://economics.mit.edu/files/4162.

薩克斯也遭到了杜芙若的打擊。他在幾年前請杜芙若評估他的「千禧年村落」計畫——那項計畫以漢南非洲的十三個區域試驗了大師的觀念。杜芙若說當時已經來不及從事徹底的隨機對照試驗，結果就沒有再收到薩克斯的回音。後來，Nina Munk 這位記者投注多年研究千禧年村落計畫，而在二〇一三年出版了一本廣受好評的著作。她的結論是什麼？那項計畫成本高昂，卻沒有多少成果。

14 Christopher Blattman and Paul Niehaus, "Show Them the Money: Why Giving Cash Helps Alleviate Poverty", *Foreign Affairs*（May/June 2014）. https://www.foreignaffairs.com/articles/show-them-money.

15 引用於：Parker, "The Poverty Lab".

16 Angel Gurría, "The global dodgers", *Guardian*（November 27, 2008）. http://www.theguardian.com/commentisfree/2008/nov/27/comment-aid-development-tax-havens.

17 Michael Clemens, "Economics and Emigration: Trillion-Dollar Bills on the Sidewalk?", Center for Global Development, p. 85. http://www.cgdev.org/sites/default/files/1425376_file_Clemens_Economics_and_Emigration_FINAL.pdf.

18 同上。

19 John Kennan, "Open Borders", National Bureau of Economic Research. http://www.nber.org/papers/w18307.pdf.

20 World Trade Organisation, "Tariff Download Facility". http://tariffdata.wto.org/Default.aspx?culture=en-us.

21 Kym Anderson and Will Martin, "Agricultural Trade Reform and the Doha Development Agenda", World Bank（May 2005）. http://elibrary.worldbank.org/doi/abs/10.1596/1813-9450-3607.

22 Francesco Caselli and James Feyrer, "The Marginal Product of Capital", IMF. http://personal.lse.ac.uk/casellif/papers/MPK.pdf. 另見：Lant Pritchett, "The Cliff at the Border"，收錄於：Ravi Kanbur and Michael Spence, *Equity and Growth in a Globalizing World*（2010）, p. 263. http://www.hks.harvard.edu/fs/lpritch/Labor Mobility – docs/cliff at the borders_submitted.pdf.

23 關於約翰這則故事的原始版本，見：Michael Huemer, "Citizenism and open borders". http://openborders.info/blog/citizenism-and-open-borders.

24 Branko Milanovic, "Global Income Inequality by the Numbers: in History and Now", World Bank Policy Research Working Paper. http://heymancenter.org/files/events/milanovic.pdf.

25 Richard Kersley, "Global Wealth Reaches New All-Time High", Credit Suisse. https://publications.credit-suisse.com/tasks/render/file/?fileID=F2425415-DCA7-80B8-EAD989AF9341D47E.

26 United Nations Sustainable Development Knowledge Platform, "A New Global Partnership: Eradicate Poverty and

Transform Economies Through Sustainable Development"（2013）, p. 4. http://www.un.org/sg/management/pdf/HLP_P2015_Report.pdf.

27 我利用 www.givingwhatwecan.org 網站上的工具計算出這些數字。那個網站可讓人看到自己的財富與世界人口相比的情形。

28 Branko Milanovic, "Global income inequality: the past two centuries and implications for the next century"（Autumn, 2011）. http://www.cnpds.it/documenti/milanovic.pdf.

29 "Just 8 men own same wealth as half world", Oxfam（January 16, 2017）. https://www.oxfam.org.uk/en/pressroom/pressreleases/2017-01-16/just-8-men-own-same-wealth-half-world.

30 Nicholas Hobbes, *Essential Militaria. Facts, Legends, and Curiosities About Warfare Through the Ages*（2004）.

31 Milanovic, "Global Income Inequality by the Numbers".

32 二〇一五年，美國單人家庭的貧窮門檻是一個月九百八十美元左右。世界銀行設定的貧窮線只有一個月五十七美元，因此美國的門檻比赤貧高了將近十七倍。

33 Michael A. Clemens, Claudio E. Montenegro, and Lant Pritchett, "The Place Premium: Wage Differences for Identical Workers Across the US Border", Harvard Kennedy School（January 2009）. https://dash.harvard.edu/bitstream/handle/1/4412631/Clemens Place Premium.pdf?sequence=1.

34 貧窮國家的「富人」絕大多數都不住在他們的祖國。在日收入超過十美元而且包含於海地統計數據裡的海地人當中，五人裡有四人實際上住在美國。遷徙絕對是擺脫貧窮最好的方法。而且，即便是留在家鄉的人口也能夠因此獲益：二〇一二年，移民匯了四千億美元回他們的祖國——將近所有外援總和的四倍之多。

35 Alex Nowrasteh, "Terrorism and Immigration: A Risk Analysis", *Policy Analysis Cato Institute*. https://www.cato.org/publications/policy-analysis/terrorism-immigration-risk-analysis.

36 Nicola Jones, "Study indicates immigration not to blame for terrorism". http://www2.warwick.ac.uk/newsandevents/pressreleases/study_indicates_immigration/.

37 Walter Ewing, Daniel E. Martínez and Rubén G. Rumbaut, "The Criminalization of Immigration in the United States", *American Immigration Council Special Report*（July 2015）. https://www.americanimmigrationcouncil.org/research/criminalization-immigration-united-states.

38 Brian Bell, Stephen Machin, and Francesco Fasani, "Crime and Immigration: Evidence from Large Immigrant Waves", *CEP Discussion Paper No 984*. http://eprints.lse.ac.uk/28732/1/dp0984.pdf.

39 F.M.H.M. Driessen, F. Duursma and J. Broekhuizen, "De ontwikkeling van de criminaliteit van Rotterdamse

autochtone en allochtone jongeren van 12 tot 18 jaar" *Politie & Wetenschap*（2014）.https://www.piresearch.nl/files/1683/driessen+e.a.+(2014)+de+ontwikkeling+van+de+criminaliteit+van.pdf.

40 Godfried Engbersen, Jaco Dagevos, Roel Jennissen, Linda Bakker and Arjen Leerkes, "Geen tijd verliezen: van opvang naar integratie van asielmigranten", *WRR Policy Brief*（December 2015）. http://www.wrr.nl/publicaties/publicatie/article/geen-tijd-verliezen-van-opvang-naar-integratie-van-asielmigranten-4/.

41 Michael Jonas, "The downside of diversity", *The Boston Globe*（August 15, 2007）. http://archive.boston.com/news/globe/ideas/articles/2007/08/05/the_downside_of_diversity/.

42 Tom van der Meer and Jochem Tolsma, "Ethnic Diversity and Its Effects on Social Cohesion", *Annual Review of Sociology*（July, 2014）. http://www.annualreviews.org/doi/abs/10.1146/annurev-soc-071913-043309.

43 Maria Abascal and Delia Baldassarri, "Don't Blame Diversity for Distrust", *New York Times*（May 20, 2016）. http://www.nytimes.com/2016/05/22/opinion/sunday/dont-blame-diversity-for-distrust.html?_r=1.

44 外來移民經常從事一個國家本身的國民不屑從事的工作。隨著人口老化，豐饒之地在不久之後將會有無數的工作難以找到足夠的人力。因此，我們既然能夠獲取外國勞工的幫忙，為什麼要把富有生產力的創業家、工程師、科學家與學者轉變為看護、清潔工以及番茄採收工人呢？就算有任何工作取代現象，也只會是短暫的區域性情形。此外，外來移民從事的工作主要都是先前由其他外來移民從事的工作。

45 George Borjas, "Immigration and the American Worker. A Review of the Academic Literature", Center for Immigration Studies（April 2013）. http://cis.org/sites/cis.org/files/borjas-economics.pdf.

46 Heidi Shierholz, "Immigration and Wages: Methodological advancements confirm modest gains for native workers", Economic Policy Institute（February 4, 2010）. http://epi.3cdn.net/7de74ee0cd834d87d4_a3m6ba9j0.pdf. 另見：Gianmarco I. P. Ottaviano and Giovanni Peri, "Rethinking the Effect of Immigration on Wages". http://www.nber.org/papers/w12497.

47 Frederic Docquiera, Caglar Ozden, and Giovanni Peri, "The Wage Effects of Immigration and Emigration", OECD（December 20, 2010）. http://www.oecd.org/els/47326474.pdf.

48 Tyler Cowen, *Average Is Over. Powering America Beyond the Age of the Great Stagnation*（2013）, p. 169.

49 Corrado Giulietti, Martin Guzi, Martin Kahanec, and Klaus F. Zimmermann, "Unemployment Benefits and Immigration: Evidence from the EU", Institute for the Study of Labor（October 2011）. http://ftp.iza.org/dp6075.pdf. 關於美國，見：Leighton Ku and Brian Bruen, "The Use of Public Assistance Benefits by Citizens and Non-Citizen Immigrants in the United States", Cato Institute（February 19, 2013）. http://object.cato.org/sites/cato.org/files/

pubs/pdf/workingpaper-13_1.pdf.
50 OECD, "International Migration Outlook", p. 147. http://www.globalmigrationgroup.org/sites/default/files/Liebig_and_Mo_2013.pdf.
51 Mathias Czaika and Hein de Haas, "The Effect of Visa Policies on International Migration Dynamics", DEMIG project paper（April 2014）. http://www.imi.ox.ac.uk/publications/wp-89-14.
52 Doug Massey, "Understanding America's Immigration 'Crisis' ", *Proceedings of the American Philosophical Society*（September 2007）. https://www.amphilsoc.org/sites/default/files/proceedings/1510304.pdf.
53 Gallup, "700 Million Worldwide Desire to Migrate Permanently". http://www.gallup.com/poll/124028/700-million-worldwide-desiremigrate-permanently.aspx.
54 Dick Wittenberg, "De terugkeer van de Muur", *De Correspondent*. https://decorrespondent.nl/40/de-terugkeer-van-de-muur/1537800098648e4.
55 Dylan Matthews, "Americans already think a third of the budget goes to foreign aid. What if it did?", *Washington Post*（November 8, 2013）. https://www.washingtonpost.com/news/wonk/wp/2013/11/08/americans-already-think-a-third-of-the-budget-goes-to-foreign-aid-what-if-it-did/.
56 Terrie L. Walmsley, L. Alan Winters, S. Amer Ahmed, and Christopher R. Parsons, "Measuring the Impact of the Movement of Labour Using a Model of Bilateral Migration Flows", World Bank. https://www.gtap.agecon.purdue.edu/resources/download/2398.pdf.
57 Joseph Carens, "Aliens and Citizens: The Case for Open Borders", *Review of Politics*（Spring 1987）. http://philosophyfaculty.ucsd.edu/faculty/rarneson/phil267fa12/aliens and citizens.pdf.

10 前衛的觀念如何改變世界

1 Joe Keohane, "How facts backfire", *Boston Globe*（July 11, 2010）. http://archive.boston.com/bostonglobe/ideas/articles/2010/07/11/how_facts_backfire/.
另見：Leon Festinger, Henry Riecken, and Stanley Schachter, *When Prophecy Fails: A Social and Psychological Study of a Modern Group That Predicted the Destruction of the World*（1956）.
2 那個研究團隊的網站：http://www.culturalcognition.net.

3 Ezra Klein, "How politics makes us stupid", *Vox*（April 6, 2014）. http://www.vox.com/2014/4/6/5556462/brain-dead-how-politics-makes-us-stupid.

4 Nicholas Bakalar, "Shorter Workweek May Not Increase Well-Being", *New York Times*（August 28, 2013）. http://well.blogs.nytimes.com/2013/08/28/shorter-workweek-may-not-increase-well-being/.

5 Katie Grant, "Working Shorter Hours May Be 'Bad For Health' ", *Telegraph*（August 22, 2013）.

6 當然，我後來檢視了那項研究。引用那篇研究的摘要：「對於工時的滿意度雖然上升，工時減少對於工作與生活的滿意度卻沒有影響……此外，正面的永續幸福效果可能會遭到勞動強度的提高所抵銷。」換句話說，南韓民眾雖然每週工時減少，卻工作得更努力。

7 James H. Kuklinski et al., "Misinformation and the Currency of Democratic Citizenship", *Journal of Politics*（August 2010）, p. 810. http://richarddagan.com/framing/kuklinski2000.pdf。驚嚇能夠產生出奇的效果，這點在一九五四年十二月的那個夜晚獲得了證實。在沒有飛碟出現的情況下，一名信徒終於覺得受夠了。費斯汀格記錄指出，在午夜那場巨大的「失驗」之後，那人即不再相信（不意外，他也是對自己的信念投注最少的一個人，只有為了在當晚到那裡去而取消了一趟前往亞利桑那州的聖誕旅程）。

8 Solomon Asch, "Opinions and Social Pressure", *Scientific American*（November 1955）. http://kosmicki.com/102/Asch1955.pdf.

9 Alan Greenspan, "Speech at the American Bankers Association Annual Convention, New York"（October 5, 2004）. http://www.federalreserve.gov/boarddocs/Speeches/2004/20041005/default.htm.

10 引用於：Edmund L. Andrews, "Greenspan Concedes Error on Regulation", *New York Times*（*October* 23, 2008）. http://www.nytimes.com/2008/10/24/business/economy/24panel.html.

11 這是他在ABC新聞上說的話：http://abcnews.go.com/ThisWeek/video/interview-alan-greenspan-10281612。

12 Edward Krudy, "Wall Street cash bonuses highest since 2008 crash: report", *Reuters*（March 12, 2014）. http://www.reuters.com/article/us-usa-bonuses-idUSBREA2B0WA20140312.

13 Jurgen Tiekstra, "Joris Luyendijk: 'Dit gaat helemaal fout' ", *Volzin*（September 2013）. http://www.duurzaamnieuws.nl/joris-luyendijk-dit-gaat-helemaal-fout/.

14 舉例而言，見：Milton Friedman, "Neo-Liberalism and its Prospects", *Farmand*（February 17, 1951）. http://0055d26.netsolhost.com/friedman/pdfs/other_commentary/Farmand.02.17.1951.pdf.

15 F. A. Hayek, "The Intellectuals and Socialism", *University of Chicago Law Review*（Spring 1949）.https://mises.org/etexts/hayekintellectuals.pdf.

16 引用於：Angus Burgin, *The Great Persuasion. Reinventing Free Markets Since the Depression*（2012）, p. 13.
17 引用於：同上，p. 169。
18 同上，p. 11。
19 同上，p. 221。
20 Francis Fukuyama, *The End of History and the Last Man*（1992）.
21 傅利曼在晚年表示，他只有真正深入研究過一位哲學家的思想，就是奧地利哲學家波普爾。波普爾主張良好的科學以「可證偽性」為核心，必須持續找尋不合乎你自身理論的事物，而不是只尋求證實。不過，如同我們見過的，大多數人都不是以這種方式面對理論。新自由主義——連同傅利曼他自己在內——似乎也正是錯在這一點上。
22 Stephanie Mudge, "The Social Bases of Austerity. European Tunnel Vision & the Curious Case of the Missing Left", SPERI Paper No. 9（February 2014）. http://speri.dept.shef.ac.uk/wp-content/uploads/2013/01/SPERI-Paper-No.9-The-Social-Bases-of-Austerity-PDF-579KB.pdf.
23 John Maynard Keynes, *The General Theory of Employment, Interest and Money*（1936）, last paragraph.
24 Oscar Wilde, 'The Soul of Man under Socialism'（1891）.
25 引用於：Burgin, *The Great Persuasion*, p. 217.
26 Keynes, *General Theory*，最後一段。

後記：送給把夢想付諸實行的人們

1 既然談到了這一點，最適合展開這項討論的起點就是歷史上最大的創業投資者：政府。畢竟，幾乎每一項突破性的創新都來自納稅人的資助。舉例而言，你的 iPhone 所使用的每一項根本技術——電容式感測器、固態記憶體、全球定位系統、網路、蜂巢式通訊、Siri、微晶片，以及觸控式螢幕——都是領政府薪水的研究人員所發明的成果。見：Mariana Mazzucato, *The Entrepreneurial State: Debunking Public vs. Private Sector Myths*（2013）。
2 Bronnie Ware, *The Top Five Regrets of the Dying. A Life Transformed by the Dearly Departing*（2012）.

國家圖書館出版品預行編目 (CIP) 資料

改變每個人的 3 個狂熱夢想 : 如果沒有人落在貧窮線以下、如果每個人一週工作 15 小時、如果可以扔掉護照與簽證。這些夢想為什麼是問題的解方，以及如何實踐。/ 羅格 . 布雷格曼 (Rutger Bregman) 著 ; 陳信宏譯 . -- 初版 . -- 臺北市 : 網路與書出版 : 大塊文化發行 , 2018.05
344 面 ; 14.8*20 公分 . -- (For2 ; 37)
譯自 : Utopia for realists : And How We Can Get There
ISBN 978-986-96168-1-2(平裝)

1. 社會福利 2. 收入 3. 經濟社會學

547.13 107003090